화엄경 제63권 (입법계품 39-4) 해설

그때 선재동자가 일심으로 정념법광명법문을 생각하며 미가장자를 찾아가니 미가장자는 꽃다발을 선사하고, 크게 찬탄한 뒤 부처의 종자를 심어 귀하게 키우는 생귀주(生貴住)의 원리를 가르쳐 주었다. (1-19p)

다시 선재동자는 미가장자의 가르침을 받고 12년만에 주림성 해탈장자를 찾아갔다. 해탈장자는 여러 가지 방편문에 대하여 설해 주었는데, 착한 법으로 자기 자신을 윤택케 하는 법을 배웠다. (19-53p)

그리고 해탈장자의 가르침을 따라 해당비구를 찾아갔다. 해탈장자는 바른 마음으로 사는 방법(正心住)에 대하여 구체적으로 설명해 주었다.

발바닥에서 수 없는 장자·거사를 내고 무릎에서 크샤트리아·바라문을 내며, 허리로 신선, 옆구리에서 용, 가슴에서 아수라를 내어 눈으로 죄악을 소멸하고 등으로 무아를 가르치며, 어깨와 배에서 나온 야차·나찰·긴나라들에게도 부처님의 열반의 문을 열어 보였다.

여기서 선재동자는 반야바라밀다삼매광명을 배우고 다시 조수국 동쪽에 살고 있는 휴사우바이를 가르켜 주었다. (53-104p)

入(입)法(법)界(계)品(품)

第(제)三(삼)十(십)九(구)之(지)四(사)

爾(이)時(시)善(선)財(재)童(동)子(자)一(일)心(심)正(정)念(념)

法(법)光(광)明(명)法(법)門(문)深(심)信(신)趣(취)入(입)專(전)念(념)

於(어)佛(불)不(부)斷(단)三(삼)寶(보)歎(탄)離(리)欲(욕)性(성)念(념)

善(선)知(지)識(식)普(보)照(조)三(삼)世(세)憶(억)諸(제)大(대)願(원)

普(보)救(구)衆(중)生(생)不(불)着(착)有(유)爲(위)究(구)竟(경)思(사)

惟(유)諸(제)法(법)自(자)性(성)悉(실)能(능)嚴(엄)淨(정)一(일)切(체)

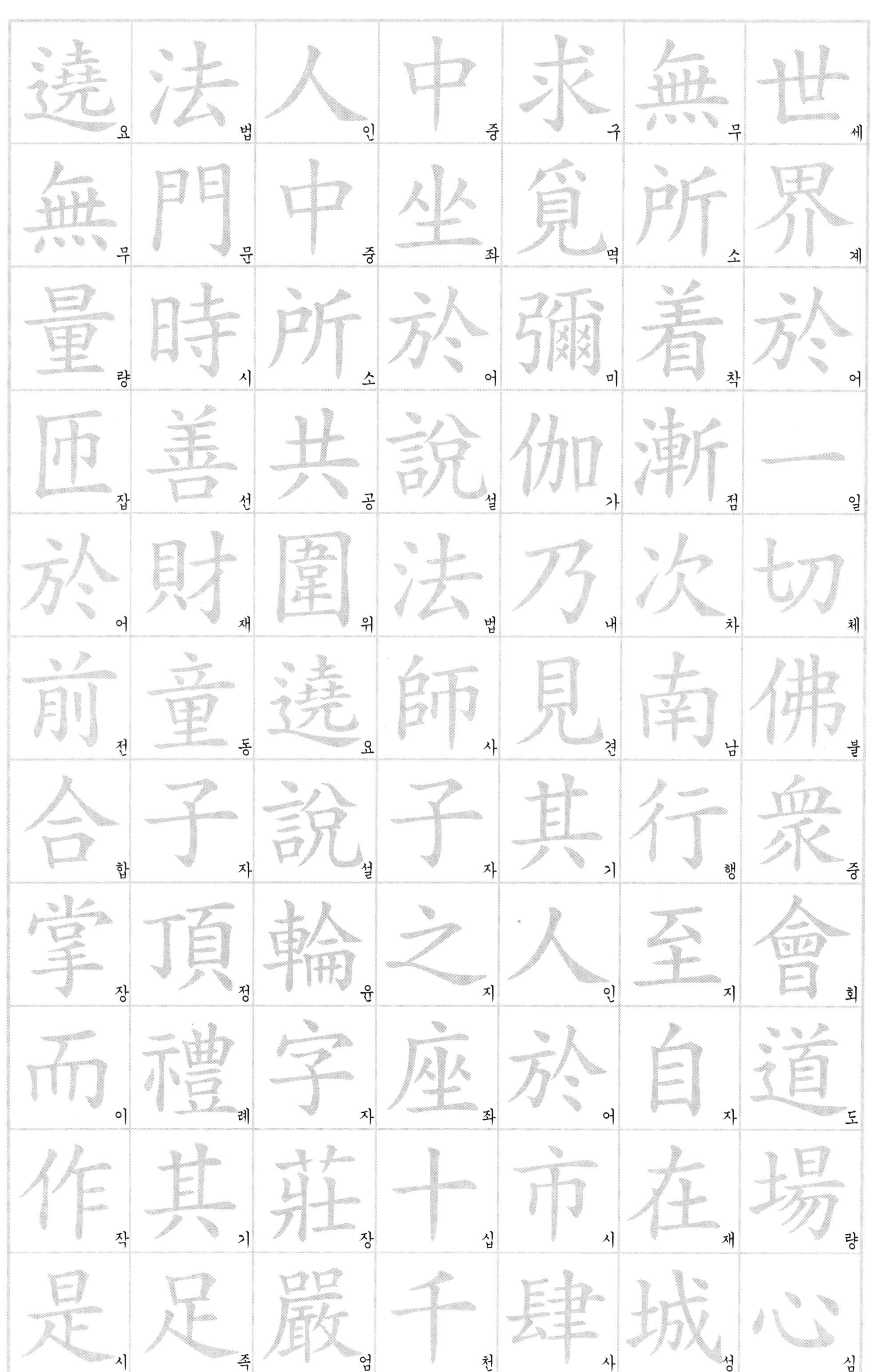
世界於一切佛衆會道場心
세계어일체불중회도량심

無所着漸次南行至自在城
무소착점차남행지자재성

求覓彌伽乃見其人於市肆
구멱미가내견기인어시사

中坐於說法師子之座十千
중좌어설법사자지좌십천

人中所共圍遶說輪字莊嚴
인중소공위요설윤자장엄

法門時善財童子頂禮其足
법문시선재동자정례기족

遶無量匝於前合掌而作是
요무량잡어전합장이작시

言聖者我已先發阿耨多羅
언성자아이선발아아뇩다라
三藐三菩提心而我未知菩
삼먁삼보리심이아미지보
薩云何學菩薩行云何修菩
살운하학보살행운하수보
薩道云何流轉於諸有趣常
살도운하유전어제유취상
不忘失菩提之心云何得平
불망실보리지심운하득평
等意堅固不動云何獲清淨
등의견고부동운하획청정
心無能沮壞云何生大悲力
심무능저괴운하생대비력

得 득	力 력	一 일	何 하	光 광	得 득	恒 항
淨 정	憶 억	切 체	具 구	明 명	清 청	不 불
趣 취	持 지	甚 심	無 무	於 어	淨 정	勞 로
力 력	一 일	深 심	礙 애	一 일	云 운	疲 피
於 어	切 체	義 의	解 해	切 체	何 하	云 운
一 일	差 차	藏 장	辯 변	法 법	發 발	何 하
切 체	別 별	云 운	才 재	離 이	生 생	入 입
趣 취	法 법	何 하	之 지	諸 제	智 지	陀 다
普 보	輪 륜	得 득	力 력	闇 암	慧 혜	羅 라
演 연	云 운	正 정	決 결	障 장	廣 광	尼 니
諸 제	何 하	念 념	了 요	云 운	大 대	普 보

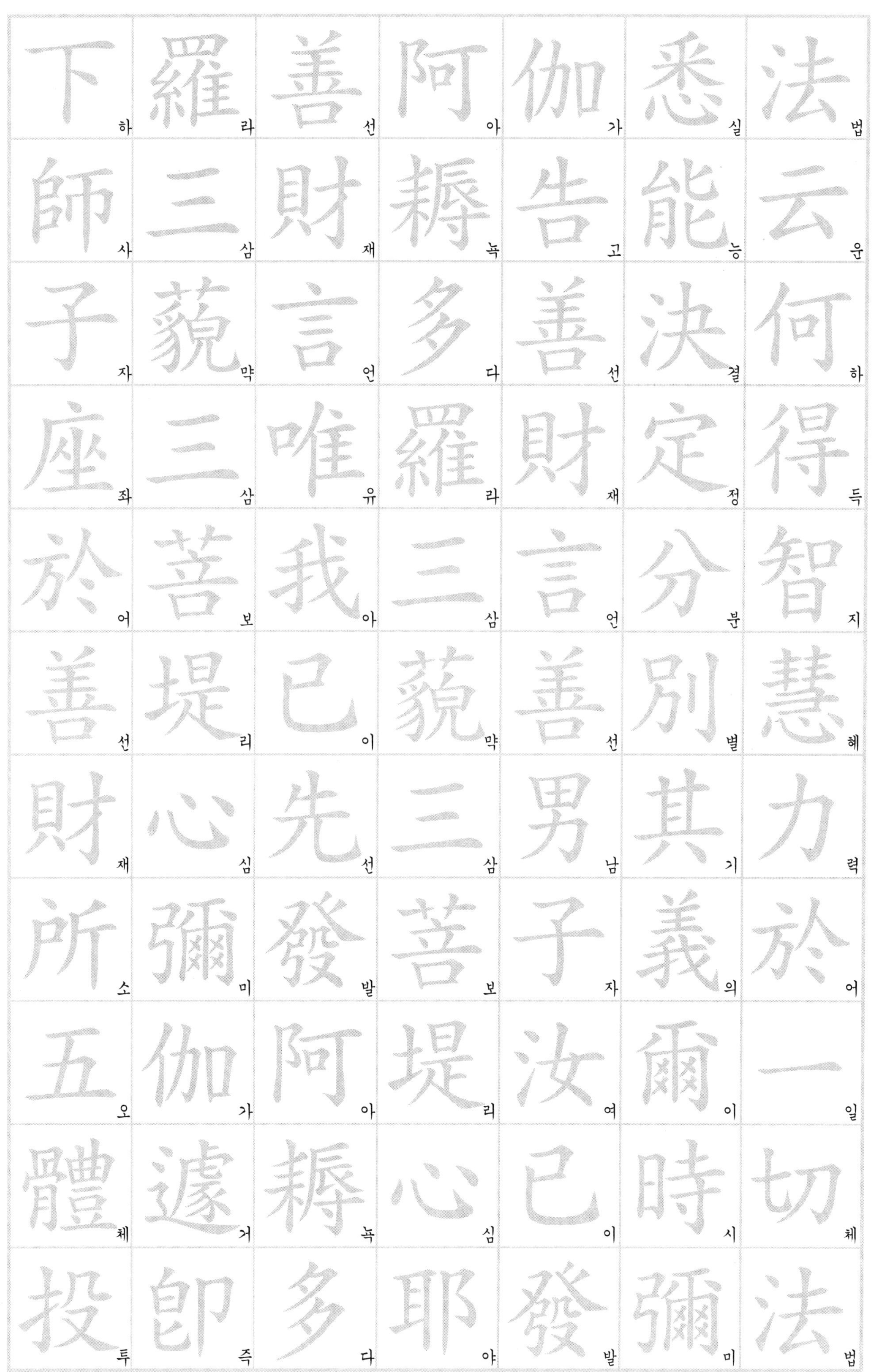

法법 云운 何하 得득 智지 慧혜 力력 於어 一일 切체 法법
悉실 能능 決결 定정 分분 別별 其기 義의 爾이 時시 彌미
伽가 告고 善선 財재 言언 善선 男남 子자 汝여 已이 發발
阿아 耨녹 多다 羅라 三삼 藐약 三삼 菩보 提리 心심 耶야
善선 財재 言언 唯유 我아 已이 先선 發발 阿아 耨녹 多다
羅라 三삼 藐약 三삼 菩보 提리 心심 彌미 伽가 遽거 即즉
下하 師사 子자 座좌 於어 善선 財재 所소 五오 體체 投투

地散金銀華無價寶珠及以
지산금은화무가보주급이
上妙碎末栴檀無量種衣以
상묘쇄말전단무량종의이
覆其上復散無量種種香華
부기상부산무량종종향화
種種供具以爲供養然後起
종종공구이위공양연후기
立而稱歎言善哉善哉善男
립이칭탄언선재선재선남
子乃能發阿耨多羅三藐三
자내능발아뇩다라삼먁삼
菩提心善男子若有能發阿
보리심선남자약유능발아

耨多羅三藐三菩提心則爲
녹다라삼먁삼보리심즉위

不斷一切佛種則爲嚴淨一
부단일체불종즉위엄정일

切佛刹則爲成熟一切衆生
체불찰즉위성숙일체중생

則爲了達一切法性則爲悟
즉위요달일체법성즉위오

解一切業種則爲圓滿一切
해일체업종즉위원만일체

諸行則爲不斷一切大願則
제행즉위부단일체대원즉

如實解離貪種性則能明見
여실해이탐종성즉능명견

三世差別則令信解永得堅
固則爲一切如來所持則爲
一切諸佛憶念則與一切菩
薩平等則爲一切賢聖讚喜
則爲一切梵王禮覲則爲一
切天主供養則爲一切夜叉
守護則爲一切羅刹侍衛則

天 천	斷 단	謂 위	一 일	切 체	緊 긴	爲 위
人 인	一 일	令 령	切 체	諸 제	那 나	一 일
快 쾌	切 체	捨 사	諸 제	世 세	羅 라	切 체
樂 락	貧 빈	惡 악	衆 중	間 간	王 왕	龍 용
故 고	窮 궁	趣 취	生 생	主 주	歌 가	王 왕
遇 우	根 근	故 고	界 계	稱 칭	詠 영	迎 영
善 선	本 본	令 령	悉 실	揚 양	讚 찬	接 접
知 지	故 고	出 출	得 득	慶 경	歎 탄	則 즉
識 식	生 생	離 리	安 안	悅 열	則 즉	爲 위
親 친	一 일	處 처	隱 은	則 즉	爲 위	一 일
近 근	切 체	故 고	所 소	令 령	一 일	切 체

故고 聞문 廣광 大대 法법 受수 持지 故고 生생 菩보 提리
心심 故고 淨정 菩보 提리 心심 故고 照조 菩보 薩살 道도
故고 入입 菩보 薩살 智지 故고 住주 菩보 薩살 地지 故고
善선 男남 子자 應응 知지 菩보 薩살 所소 作작 甚심 難난
難난 出출 難난 値치 見견 菩보 薩살 者자 倍배 更갱 難난
有유 菩보 薩살 爲위 一일 切체 衆중 生생 恃시 怙호 生생
長장 成성 就취 故고 爲위 一일 切체 衆중 生생 拯증 濟제

拔諸苦難故爲一切衆生依
處守護世間故爲一切衆生
救護令免怖畏故菩薩如風
輪持諸世間不令墮落惡趣
故如大地增長衆生善根故
如大海福德充滿無盡故如
淨日智慧光明普照故如須

사경의 공덕은 십만억 부처님께 공양한 것과 같은 공덕이 있습니다.

彌善根高出故如明月智光
미선근고출고여명월지광

出現故如猛將摧伏魔軍故
출현고여맹장최복마군고

如君主佛法城中得自在故
여군주불법성중득자재고

如猛火燒盡衆生我愛心故
여맹화소진중생아애심고

如大雲降霔無量妙法雨故
여대운강주무량묘법우고

如時雨增長一切信根芽故
여시우증장일체신근아고

如船師示導法海津濟處故
여선사시도법해진제처고

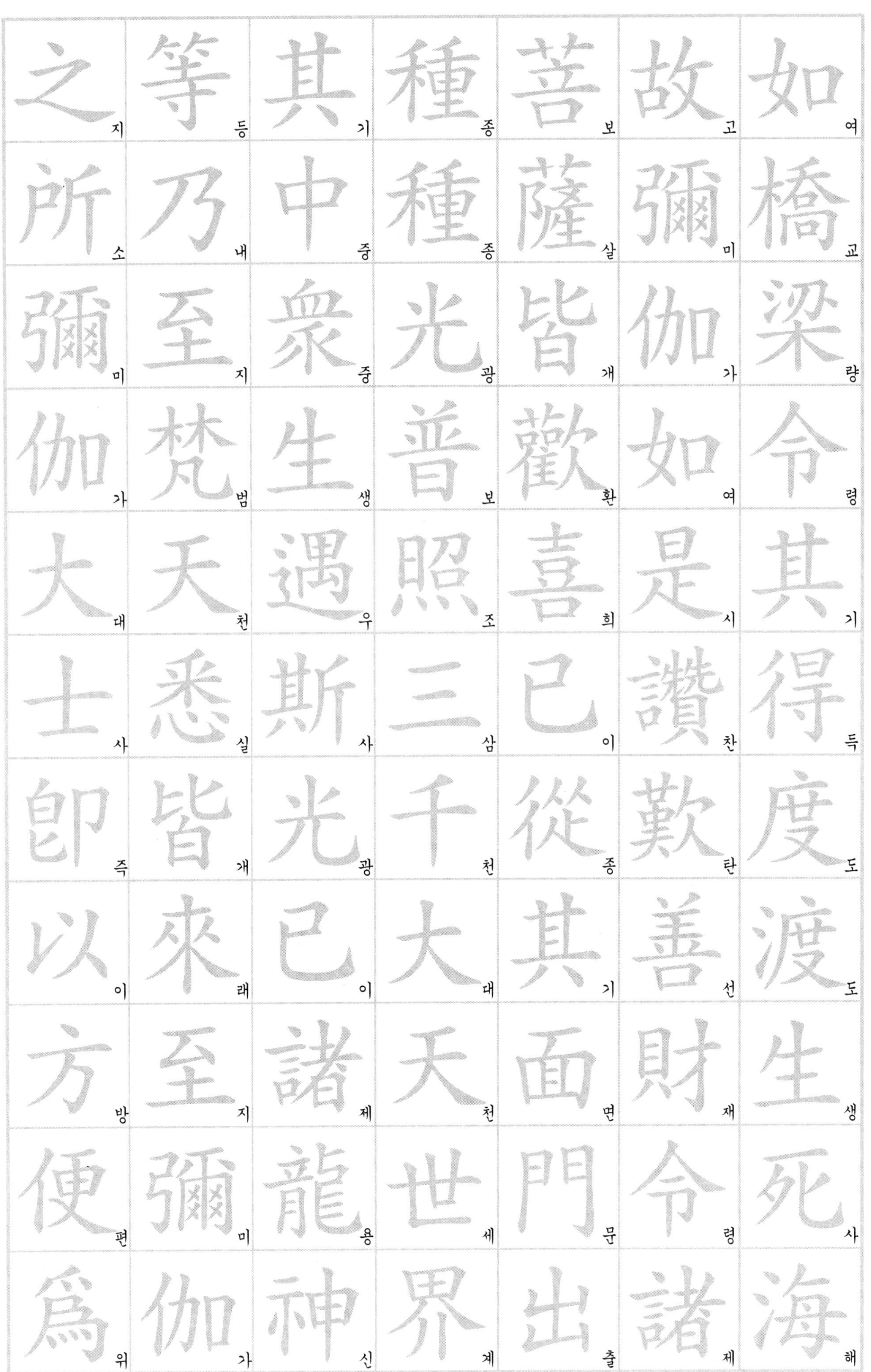
如橋梁令其得度渡生死海
여교량령기득도도생사해
故彌伽如是讚歎善財令諸
고미가여시찬탄선재령제
菩薩皆歡喜已從其面門出
보살개환희이종기면문출
種種光普照三千大天世界
종종광보조삼천대천세계
其中衆生遇斯光已諸龍神
기중중생우사광이제용신
等乃至梵天悉皆來至彌伽
등내지범천실개래지미가
之所彌伽大士卽以方便爲
지소미가대사즉이방편위

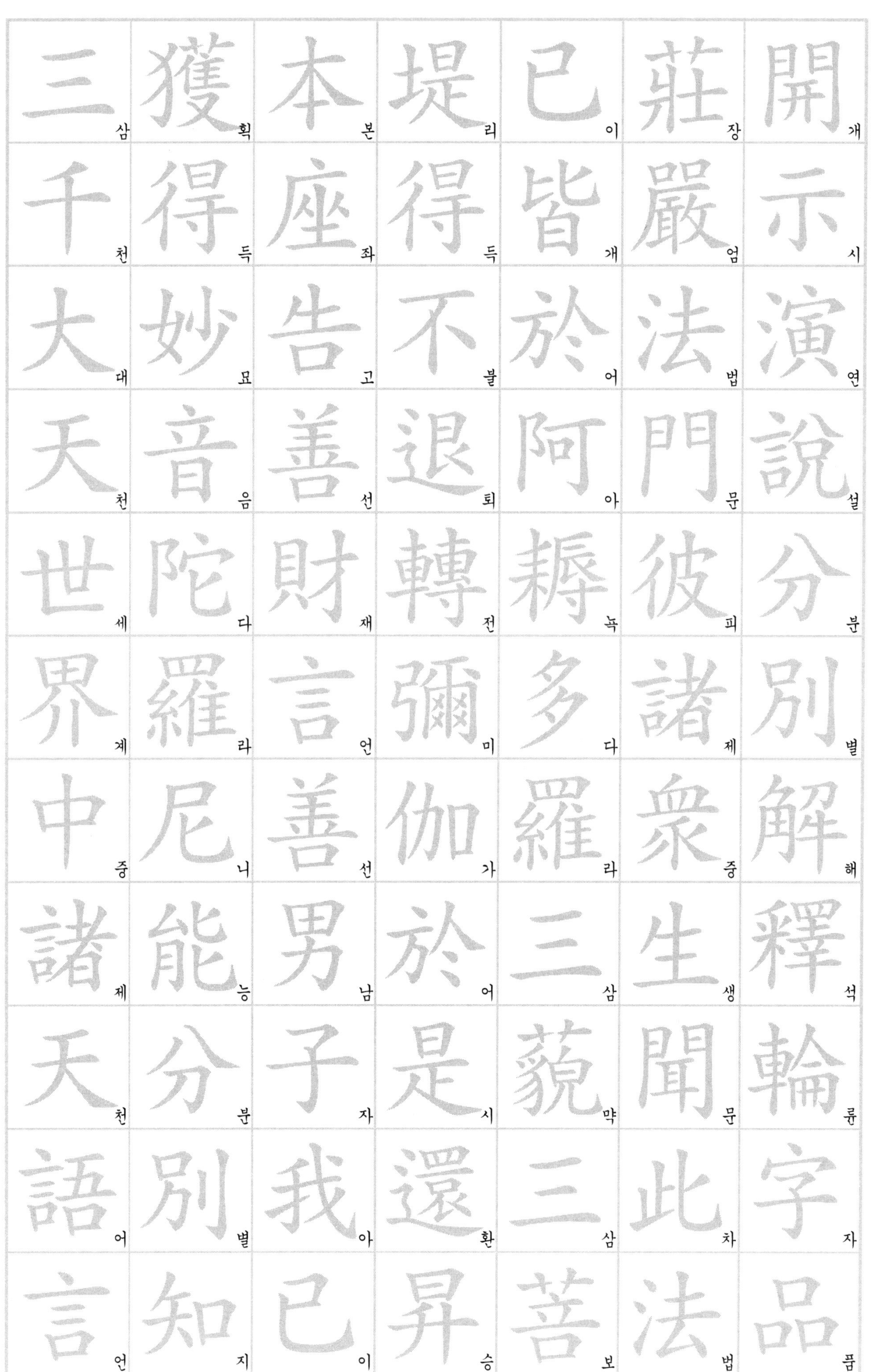
開示演說分別解釋輪字品
莊嚴法門彼諸衆生聞此法
已皆於阿耨多羅三藐三菩
提得不退轉彌伽於是還昇
本座告善財善男子我已
獲得妙音陀羅尼能分別知
三千大天世界中諸天語言

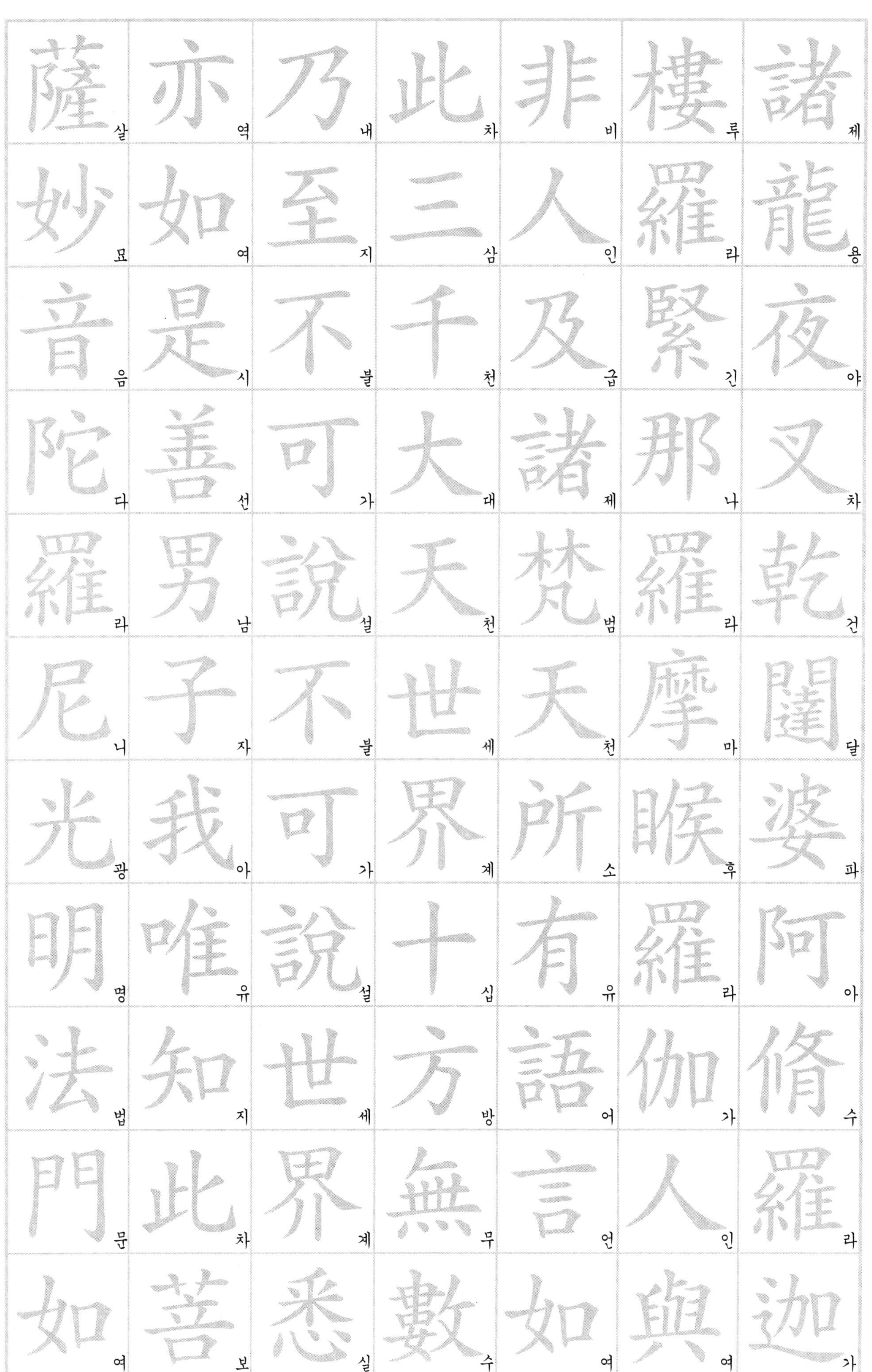
諸龍夜叉乾闥婆阿脩羅迦
제용야차건달파아수라가
樓羅緊那羅摩睺羅伽人與
루라긴나라마후라가인여
非人及諸梵天所有語言如
비인급제범천소유어언여
此三千大天世界十方無數
차삼천대천세계십방무수
乃至不可說不可說世界悉
내지불가설불가설세계실
亦如是善男子我唯知此菩
역여시선남자아유지차보
薩妙音陀羅尼光明法門如
살묘음다라니광명법문여

諸菩薩摩訶薩能普入一切
제보살마하살능보입일체
衆生種種想海種種施設海
중생종종상해종종시설해
種種名號海種種語言海能
종종명호해종종어언해능
普入說一切深密法句海說
보입설일체심밀법구해설
一切究竟法句海說一切所
일체구경법구해설일체소
緣中有一切三世所緣法句
연중유일체삼세소연법구
海說上法句海說上上法句
해설상법구해설상상법구

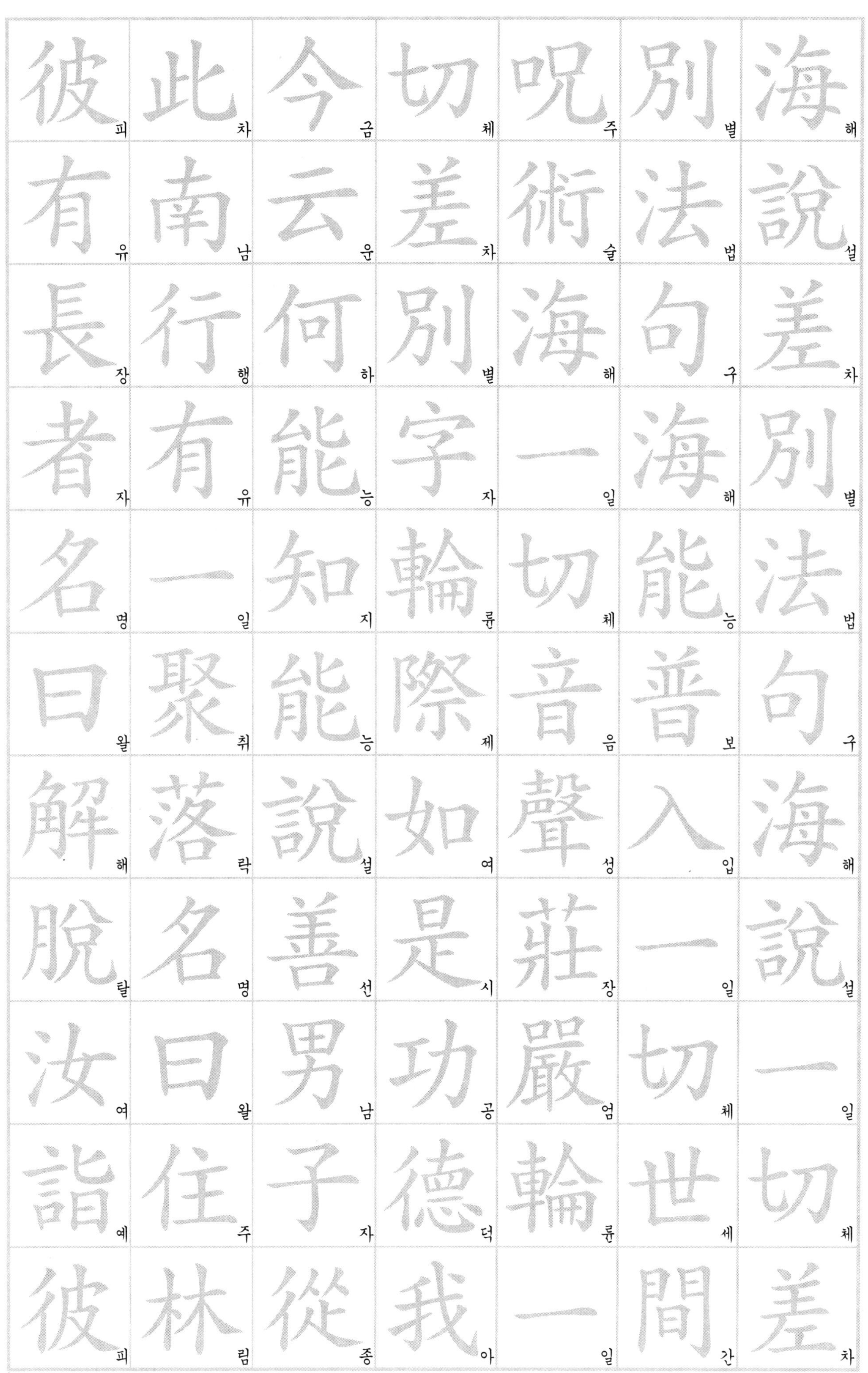
海說差別法句海說一切差
別法句海能普入一切世間
呪術海一切音聲莊嚴輪一
切差別字輪際如是功德我
今云何能知能說善男子從
此南行有一聚落名曰住林
彼有長者名曰解脫汝詣彼

問菩薩云何修菩薩行菩薩云何成菩薩行菩薩云何集菩薩行菩薩云何思菩薩行

爾時善財童子以善知識故於一切智法深生尊重深植淨信深自增益禮彌伽足涕泗悲泣遶無量匝戀慕瞻

仰辭退而行
앙사퇴이행

爾時善財童子思惟諸菩
이시선재동자사유제보

薩無礙解陀羅尼光明莊嚴
살무애해다라니광명장엄

門深入諸菩薩語言海門憶
문심입제보살어언해문억

念諸菩薩知一切衆生微細
념제보살지일체중생미세

方便門觀察諸菩薩淸淨心
방편문관찰제보살청정심

門成就諸菩薩善根光明門
문성취제보살선근광명문

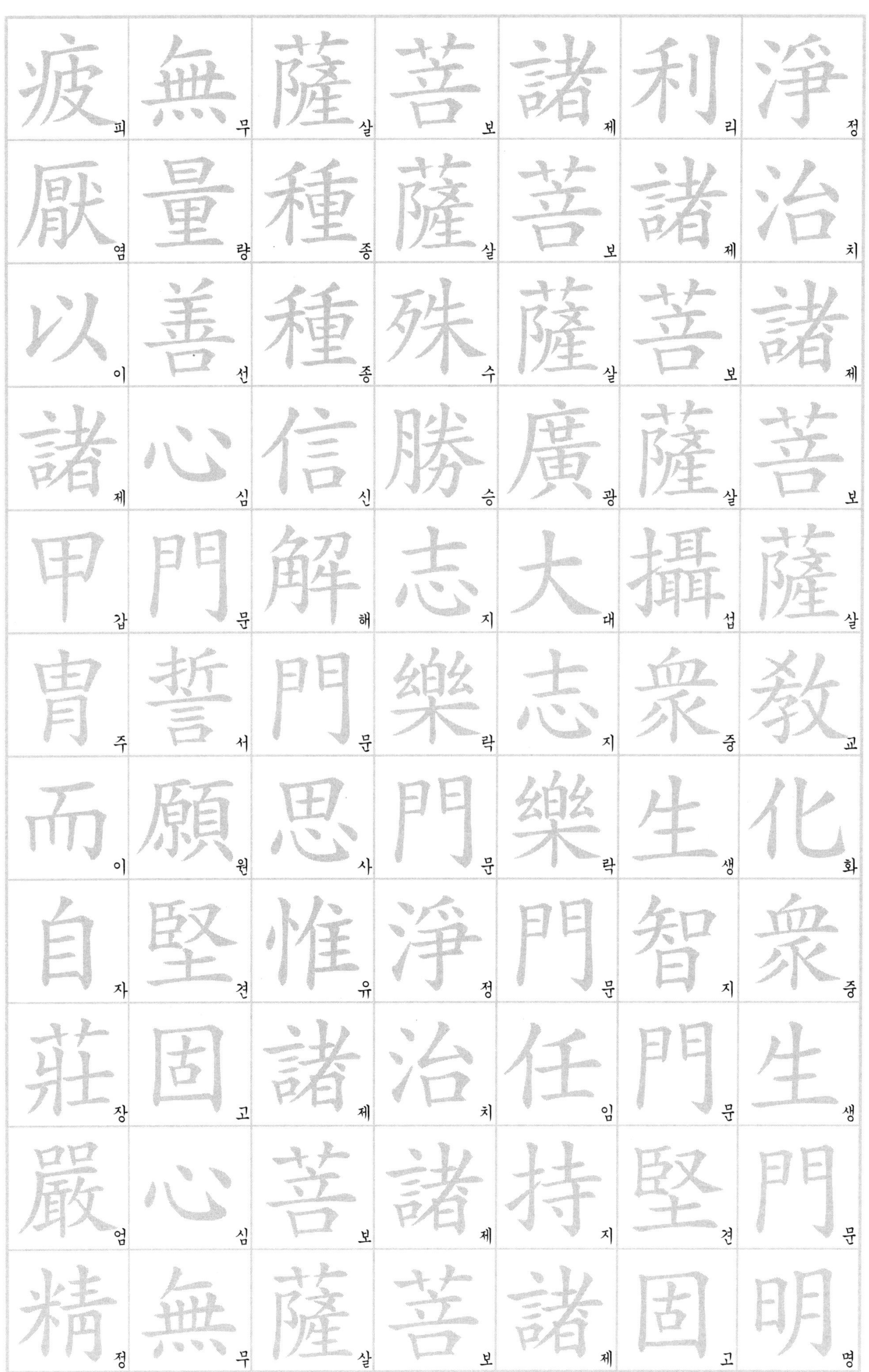
淨治諸菩薩教化衆生門明
利諸菩薩攝衆生智門堅固
諸菩薩廣大志樂門任持諸
菩薩殊勝志樂門淨治諸菩
薩種種信解門思惟諸菩薩
無量善心門誓願堅固心無
疲厭以諸甲冑而自莊嚴精

사경의 공덕은 십만억 부처님께 공양한 것과 같은 공덕이 있습니다.

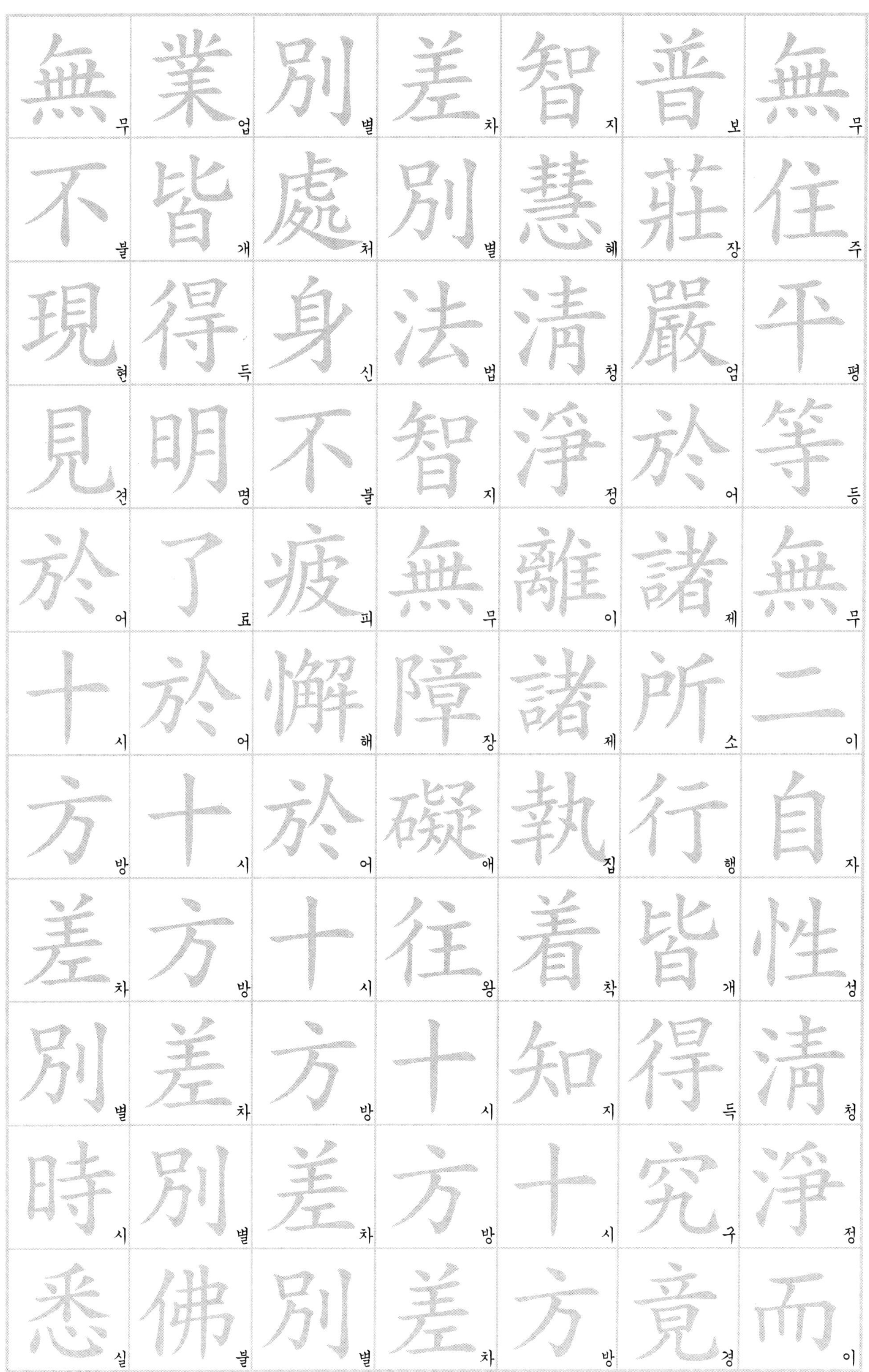

無住平等無二自性清淨而
무주평등무이자성청정이

普莊嚴於諸所行皆得究竟
보장엄어제소행개득구경

智慧清淨離諸執着知十方
지혜청정이제집착지시방

差別法智無障礙往十方差
차별법지무장애왕시방차

別處身不疲懈於十方差別
별처신불피해어시방차별

業皆得明了於十方差別佛
업개득명료어시방차별불

無不現見於十方差別時悉
무불현견어시방차별시실

사경의 공덕은 십만억 부처님께 공양한 것과 같은 공덕이 있습니다.

照 조	神 신	身 신	照 조	入 입	普 보	得 득
成 성	力 력	若 약	觸 촉	平 평	智 지	深 심
就 취	所 소	心 심	一 일	等 등	三 삼	入 입
大 대	加 가	不 불	切 체	境 경	昧 매	清 청
願 원	一 일	離 리	智 지	界 계	明 명	淨 정
願 원	切 체	佛 불	流 류	如 여	照 조	妙 묘
身 신	如 여	法 법	相 상	來 래	其 기	法 법
周 주	來 래	一 일	續 속	智 지	心 심	充 충
徧 변	光 광	切 체	不 부	慧 혜	心 심	滿 만
一 일	明 명	諸 제	斷 단	之 지	恒 항	其 기
切 체	所 소	佛 불	若 약	所 소	普 보	心 심

사경의 공덕은 십만억 부처님께 공양한 것과 같은 공덕이 있습니다.

刹網一切法界普入其身漸
찰망일체법계보입기신점

次遊行十有二年至住林城
차유행십유이년지주임성

周徧推求解脫長者既得見
주변추구해탈장자기득견

已五體投地起立合掌白言
이오체투지기립합장백언

聖者我今得與善知識會是
성자아금득여선지식회시

我獲得廣大善利何以故善
아획득광대선리하이고선

知識者難可得見難可得聞
지식자난가득견난가득문

사경의 공덕은 십만억 부처님께 공양한 것과 같은 공덕이 있습니다.

得 득	爲 위	願 원	佛 불	一 일	故 고	見 견
一 일	欲 욕	故 고	大 대	切 체	爲 위	一 일
切 체	成 성	爲 위	願 원	佛 불	欲 욕	切 체
佛 불	一 일	欲 욕	故 고	平 평	知 지	佛 불
神 신	切 체	具 구	爲 위	等 등	一 일	故 고
通 통	佛 불	一 일	欲 욕	故 고	切 체	爲 위
故 고	衆 중	切 체	滿 만	爲 위	佛 불	欲 욕
爲 위	行 행	佛 불	一 일	欲 욕	故 고	觀 관
欲 욕	故 고	智 지	切 체	發 발	爲 위	一 일
具 구	爲 위	光 광	佛 불	一 일	欲 욕	切 체
一 일	欲 욕	故 고	大 대	切 체	證 증	佛 불

사경의 공덕은 십만억 부처님께 공양한 것과 같은 공덕이 있습니다.

故 고	欲 욕	法 법	一 일	爲 위	無 무	切 체
爲 위	與 여	故 고	切 체	欲 욕	畏 외	佛 불
欲 욕	一 일	爲 위	佛 불	受 수	故 고	諸 제
與 여	切 체	欲 욕	法 법	一 일	爲 위	力 력
一 일	諸 제	護 호	故 고	切 체	欲 욕	故 고
切 체	菩 보	一 일	爲 위	佛 불	聞 문	爲 위
菩 보	薩 살	切 체	欲 욕	法 법	一 일	欲 욕
薩 살	衆 중	佛 불	解 해	故 고	切 체	獲 획
善 선	同 동	法 법	一 일	爲 위	佛 불	一 일
根 근	一 일	故 고	切 체	欲 욕	法 법	切 체
等 등	體 체	爲 위	佛 불	持 지	故 고	佛 불

無異故爲欲圓滿諸一切菩薩波羅蜜故爲欲成就一切菩薩所修行故爲欲出生一切菩薩淸淨願故爲欲得一切諸佛菩薩威神藏故爲欲得一切菩薩法藏無盡智慧大光明故爲欲得一切菩薩

무이고위욕원만제일체보살바라밀고위욕성취일체보살소수행고위욕출생일체보살청정원고위욕득일체제불보살위신장고위욕득일체보살법장무진지혜대광명고위욕득일체보살

三昧廣大藏故爲欲成就一
삼매광대장고위욕성취일

切菩薩無量無數神通藏故
체보살무량무수신통장고

爲欲以大悲藏敎化調伏一
위욕이대비장교화조복일

切衆生皆令究竟到邊際故
체중생개령구경도변제고

爲欲顯現神變藏故爲於一
위욕현현신변장고위어일

切自在藏中悉以自心得自
체자재장중실이자심득자

在故爲欲入於清淨藏中以
재고위욕입어청정장중이

一(일)切(체)相(상)而(이)莊(장)嚴(엄)故(고)聖(성)者(자)我(아)今(금)
以(이)如(여)是(시)心(심)如(여)是(시)意(의)如(여)是(시)樂(락)如(여)
是(시)欲(욕)如(여)是(시)希(희)求(구)如(여)是(시)思(사)惟(유)如(여)
是(시)尊(존)重(중)如(여)是(시)方(방)便(편)如(여)是(시)究(구)竟(경)
如(여)是(시)謙(겸)下(하)至(지)聖(성)者(자)所(소)我(아)聞(문)聖(성)
者(자)善(선)能(능)誘(유)誨(회)諸(제)菩(보)薩(살)衆(중)能(능)以(이)
方(방)便(편)闡(천)明(명)所(소)得(득)示(시)其(기)道(도)路(로)與(여)

其(기)津(진)梁(량)授(수)其(기)法(법)門(문)令(령)諸(제)迷(미)倒(도)
障(장)拔(발)猶(유)豫(예)箭(전)截(절)疑(의)酷(혹)網(망)照(조)心(심)
稠(조)林(림)浣(완)心(심)垢(구)濁(탁)令(령)心(심)潔(결)白(백)使(사)
心(심)清(청)淨(정)正(정)心(심)諂(첨)曲(곡)絶(절)心(심)生(생)死(사)
止(지)心(심)不(불)善(선)解(해)心(심)執(집)着(착)於(어)執(집)着(착)
處(처)令(영)心(심)解(해)脫(탈)於(어)染(염)愛(애)處(처)使(사)心(심)
動(동)轉(전)令(영)其(기)速(속)入(입)一(일)切(체)智(지)境(경)使(사)

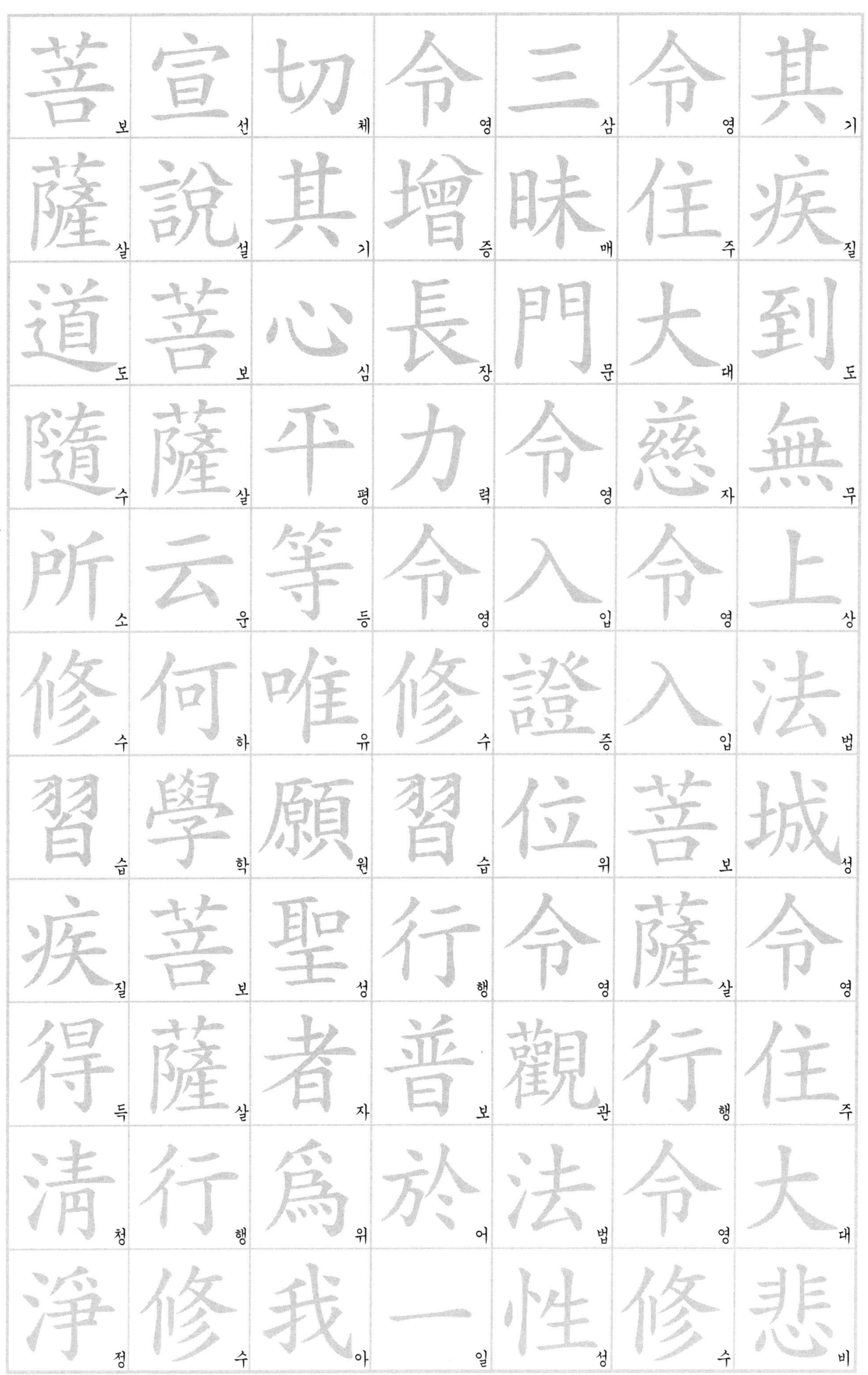
其疾到無上法城令住大悲
기질도무상법성영주대비
令住大慈令入菩薩行令修
영주대자영입보살행영수
三昧門令入證位令觀法性
삼매문영입증위영관법성
令增長力令修習行普於一
영증장력영수습행보어일
切其心平等唯願聖者爲我
체기심평등유원성자위아
宣說菩薩云何學菩薩行修
선설보살운하학보살행수
菩薩道隨所修習疾得清淨
보살도수소수습질득청정

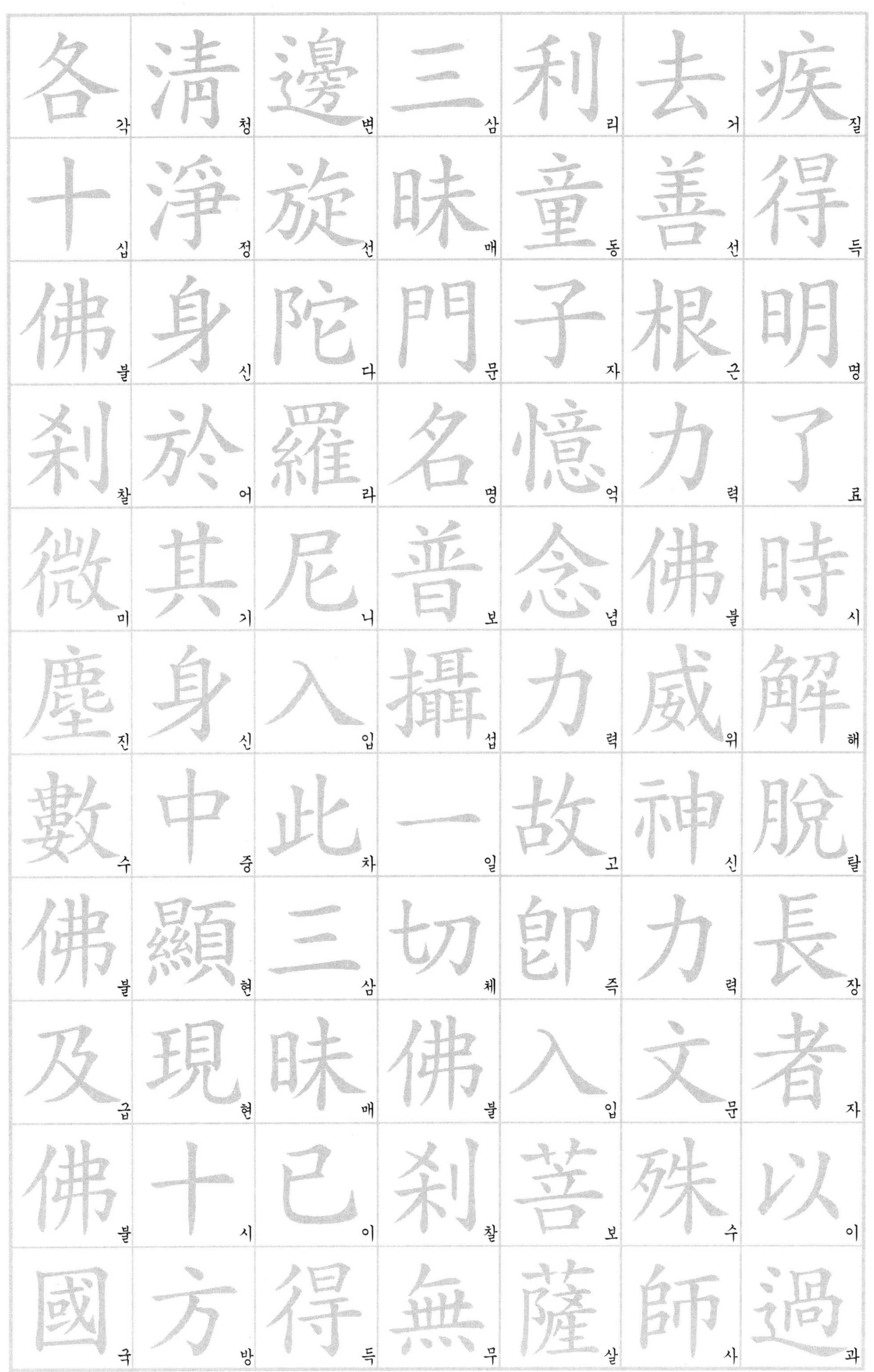

사경의 공덕은 십만억 부처님께 공양한 것과 같은 공덕이 있습니다.

土衆會道場種種光明諸莊
토중회도장종종광명제장

嚴事亦現彼佛往昔所行神
엄사역현피불왕석소행신

通變化一切大願助道之法
통변화일체대원조도지법

諸出離行清淨莊嚴亦見諸
제출리행청정장엄역견제

佛成等正覺轉妙法輪教化
불성등정각전묘법륜교화

衆生如是一切於其身中悉
중생여시일체어기신중실

皆顯現無所障礙種種形相
개현현무소장애종종형상

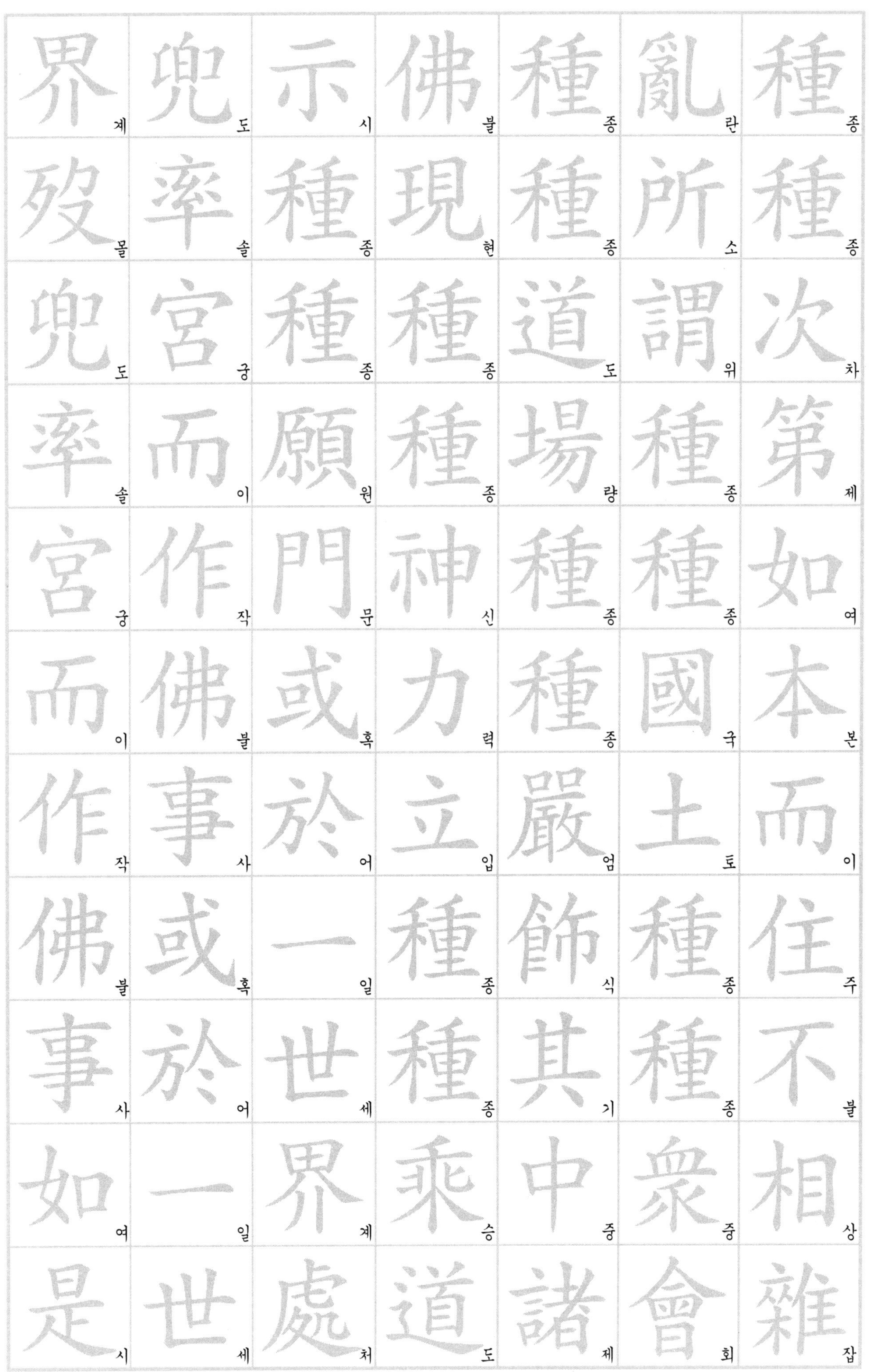
種種次第如本而住不相雜
종종차제여본이주불상잡
亂所謂種種國土種種衆會
란소위종종국토종종중회
種種道場種種嚴飾其中諸
종종도량종종엄식기중제
佛現種種神力立種種乘道
불현종종신력입종종승도
示種種願門或於一世界處
시종종원문혹어일세계처
兜率宮而作佛事或於一世
도솔궁이작불사혹어일세
界歿兜率宮而作佛事如是
계몰도솔궁이작불사여시

사경의 공덕은 십만억 부처님께 공양한 것과 같은 공덕이 있습니다.

或有住胎或復誕生或處宮
혹유주태혹부탄생혹처궁

中或復出家或詣道場或破
중혹부출가혹예도량혹파

魔軍或諸天龍恭敬圍遶或
마군혹제천룡공경위요혹

諸世主勸請說法或轉法輪
제세주권청설법혹전법륜

或般涅槃或分舍利或起塔
혹반열반혹분사리혹기탑

廟彼諸如來於種種衆會種
묘피제여래어종종중회종

種世間種種趣生種種家族
종세간종종취생종종가족

微 미	場 량	旬 순	場 량	習 습	言 언	種 종
塵 진	或 혹	量 량	或 혹	氣 기	種 종	種 종
數 수	處 처	道 도	處 처	諸 제	種 종	欲 욕
由 유	不 불	場 량	廣 광	衆 중	根 근	樂 락
旬 순	可 가	或 혹	大 대	生 생	性 성	種 종
量 량	說 설	處 처	道 도	中 중	種 종	種 종
道 도	不 불	十 십	場 량	或 혹	種 종	業 업
場 량	可 가	由 유	或 혹	處 처	煩 번	行 행
以 이	說 설	旬 순	處 처	微 미	惱 뇌	種 종
種 종	佛 불	量 량	一 일	細 세	睡 수	種 종
種 종	刹 찰	道 도	由 유	道 도	眠 면	語 어

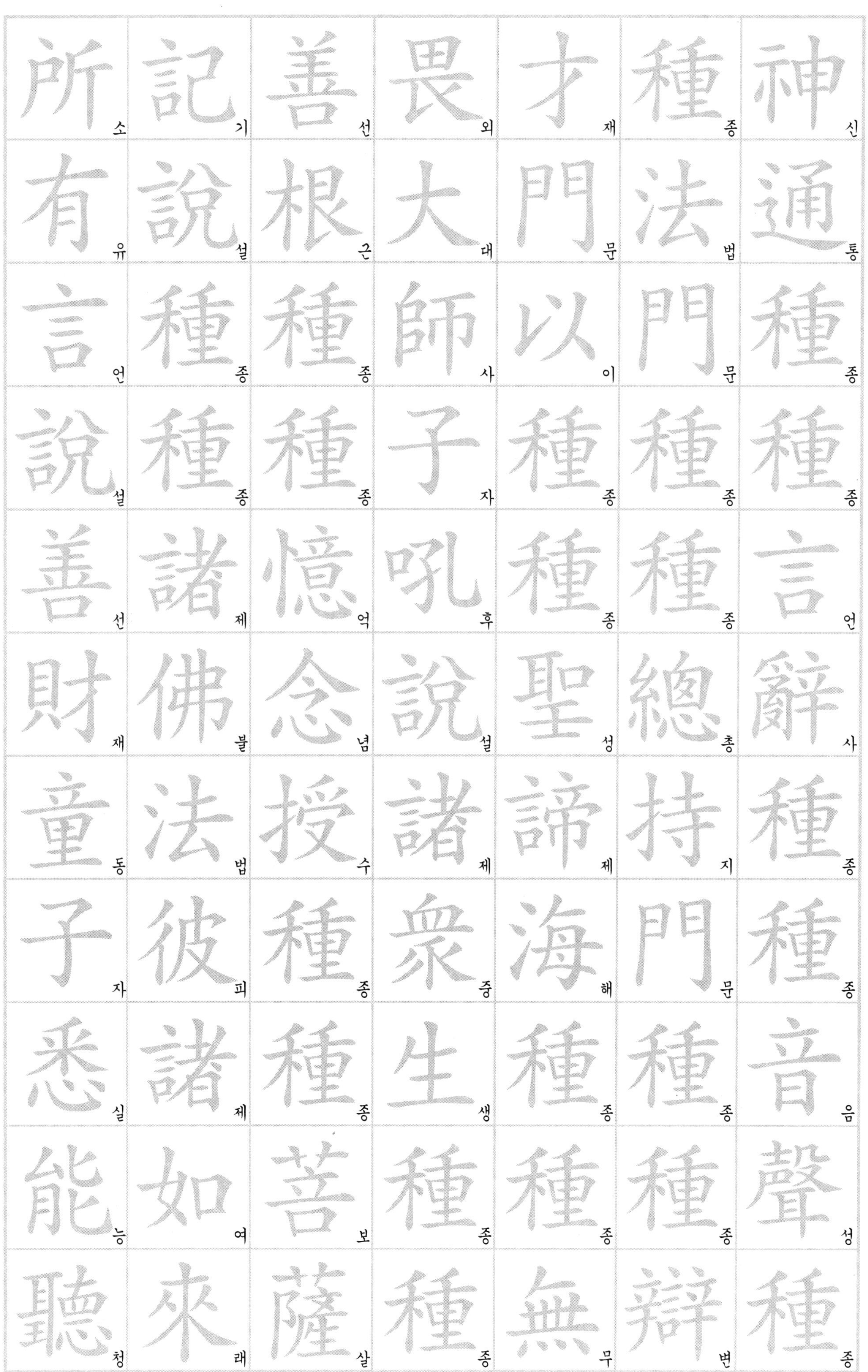
神通種種言辭種種音聲種種法門種種總持門種種辯才門以種種聖諦海種種無畏大師子吼說諸衆生種種善根種種憶念授種種菩薩記說種種諸佛法彼諸如來所有言說善財童子悉能聽

신통종종언사종종음성종종법문종종총지문종종변재문이종종성제해종종무외대사자후설제중생종종선근종종억념수종종보살기설종종제불법피제여래소유언설선재동자실능청

受亦見諸佛及諸菩薩不可
수역견제불급제보살불가
思議三昧神變
사의삼매신변
爾時解脫長者從三昧起
이시해탈장자종삼매기
告善財童子言善男子我已
고선재동자언선남자아이
入出如來無礙莊嚴解脫門
입출여래무애장엄해탈문
善男子我入出此解脫門時
선남자아입출차해탈문시
即見東方閻浮檀金光明世
즉견동방염부단금광명세

界龍自在王如來應正等覺道場衆會之所圍遶毘盧遮那藏菩薩而爲上首又見南方速疾力世界普香如來應正等覺道場衆會之所圍遶心王菩薩而爲上首又見西方香光世界須彌燈王如來

應응 遶요 見견 金금 會회 薩살 切체
正정 無무 北북 剛강 之지 而이 上상
等등 礙애 方방 如여 所소 爲위 妙묘
覺각 心심 袈가 來래 圍위 上상 寶보
道도 菩보 裟사 應응 遶요 首수 世세
場량 薩살 幢당 正정 金금 又우 界계
衆중 而이 世세 等등 剛강 見견 無무
會회 爲위 界계 覺각 步보 東동 所소
之지 上상 不불 道도 勇용 北북 得득
所소 首수 可가 場량 猛맹 方방 境경
圍위 又우 壞괴 衆중 菩보 一일 界계

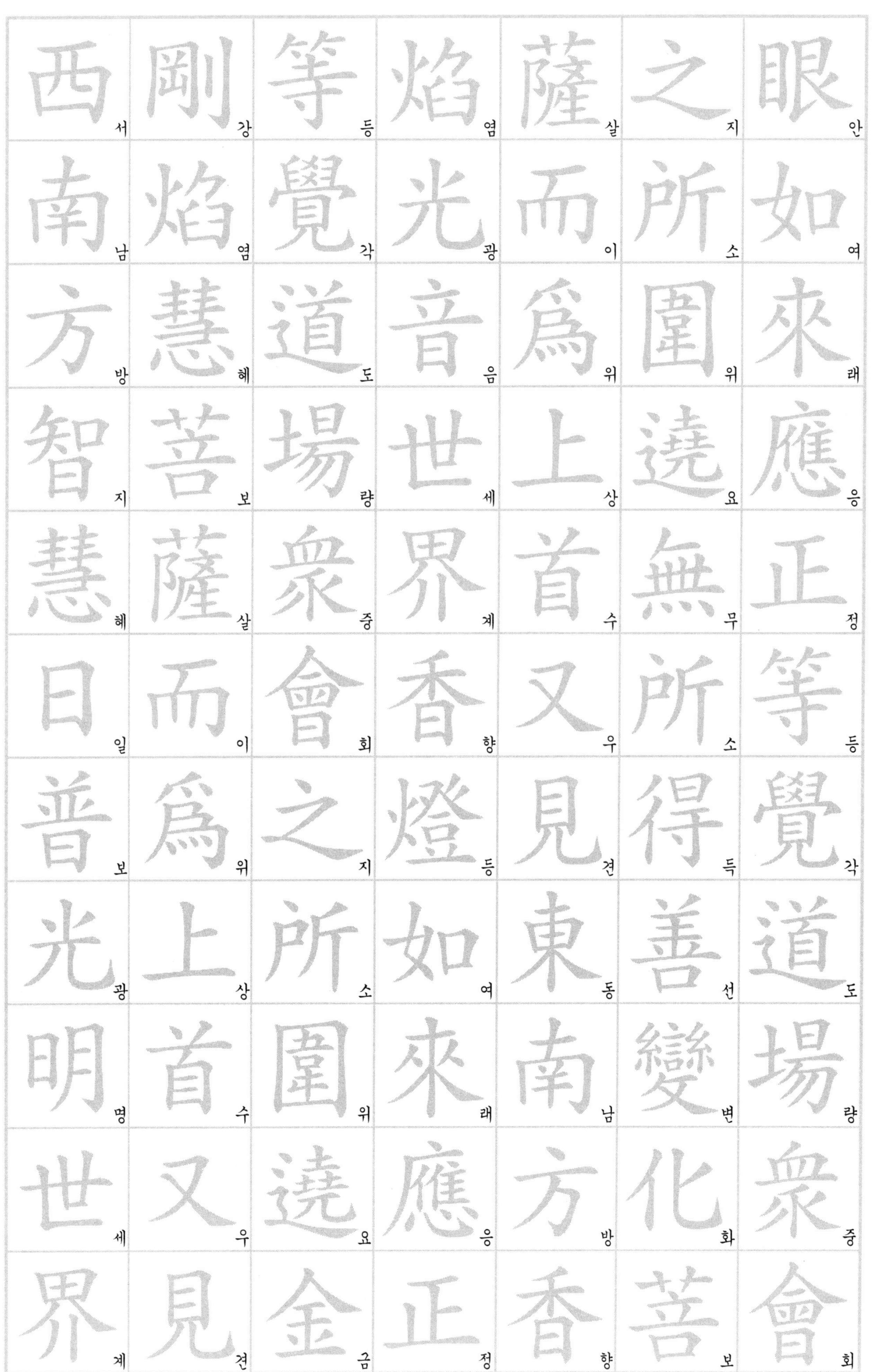
眼如來應正等覺道場衆會
之所圍遶無所得善變化菩
薩而爲上首又見東南方香
焰光音世界香燈如來應正
等覺道場衆會之所圍遶金
剛焰慧菩薩而爲上首又見
西南方智慧日普光明世界

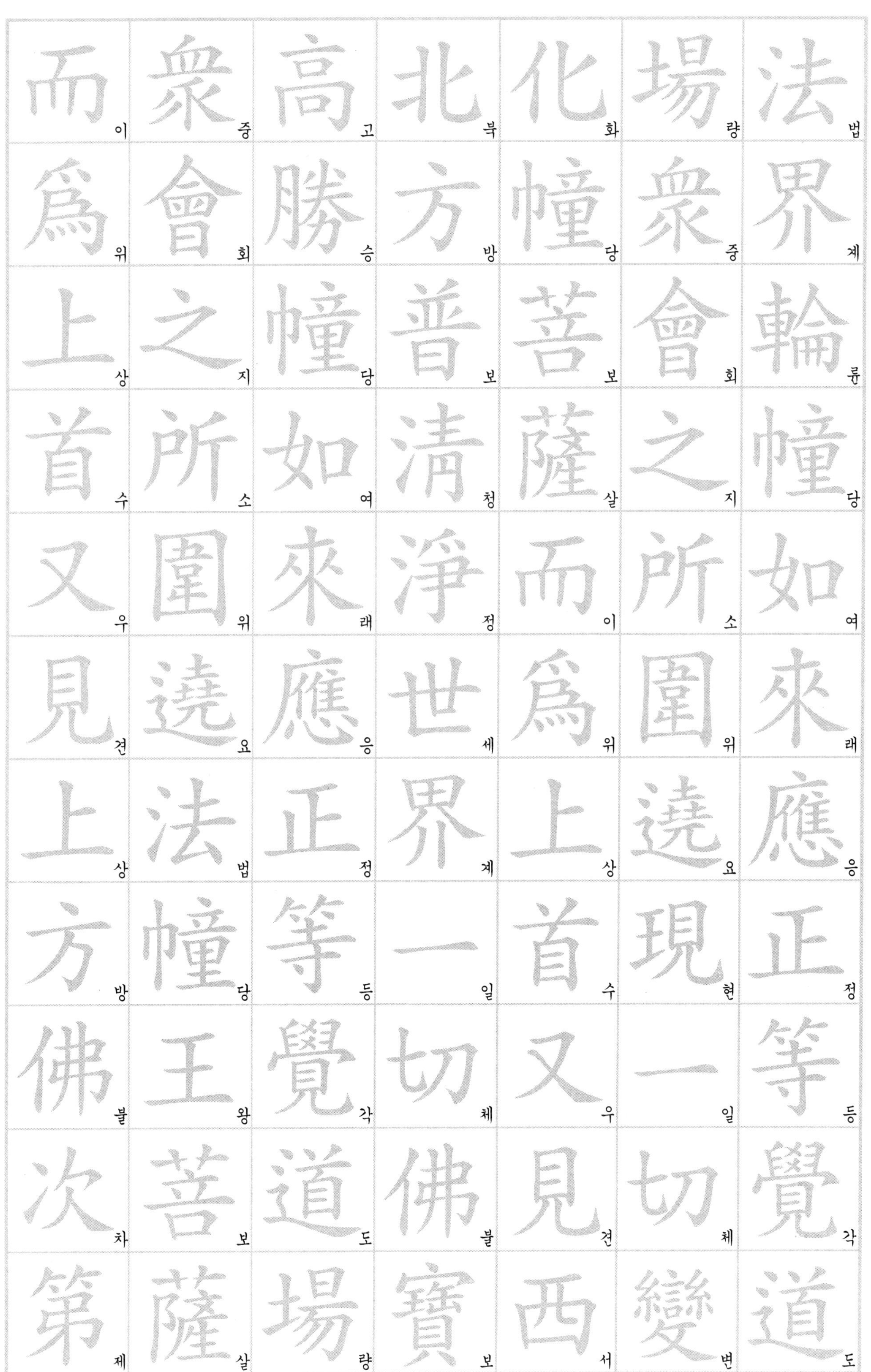

사경의 공덕은 십만억 부처님께 공양한 것과 같은 공덕이 있습니다.

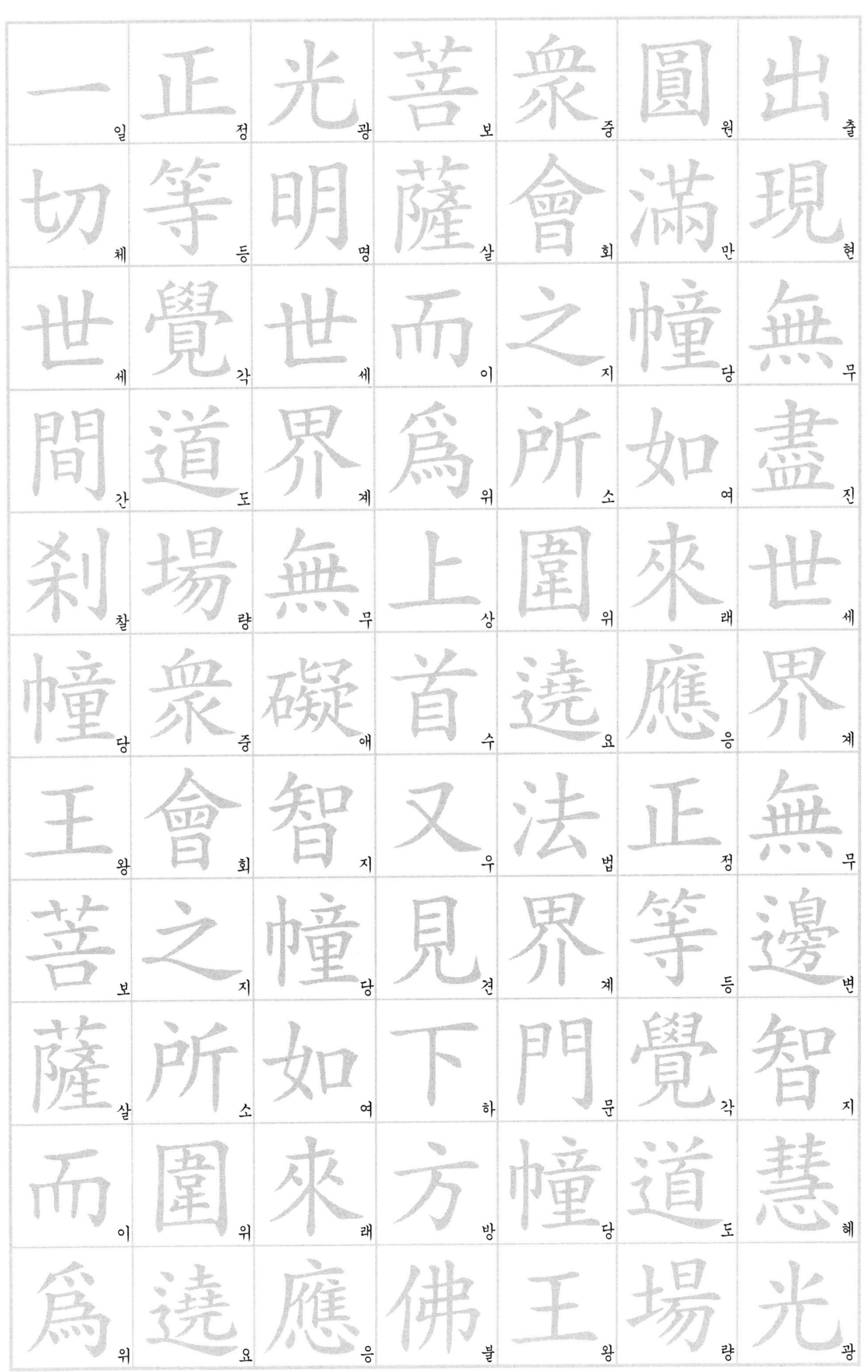
出現無盡世界無邊智慧光
출현무진세계무변지혜광
圓滿幢如來應正等覺道場
원만당여래응정등각도량
衆會之所圍遶法界門幢王
중회지소위요법계문당왕
菩薩而爲上首又見下方佛
보살이위상수우견하방불
光明世界無礙智幢如來應
광명세계무애지당여래응
正等覺道場衆會之所圍遶
정등각도량중회지소위요
一切世間刹幢王菩薩而爲
일체세간찰당왕보살이위

上首善男子我見如是等十
상수선남자아견여시등시
方各十佛刹微塵數如來彼
방각십불찰미진수여래피
諸如來不來至此我不往彼
제여래불래지차아불왕피
我若欲見安樂世界阿彌陀
아약욕견안락세계아미타
如來隨意卽見我若欲見栴
여래수의즉견아약욕견전
檀世界金剛光明如來妙香
단세계금강광명여래묘향
世界寶光明如來蓮華世界
세계보광명여래연화세계

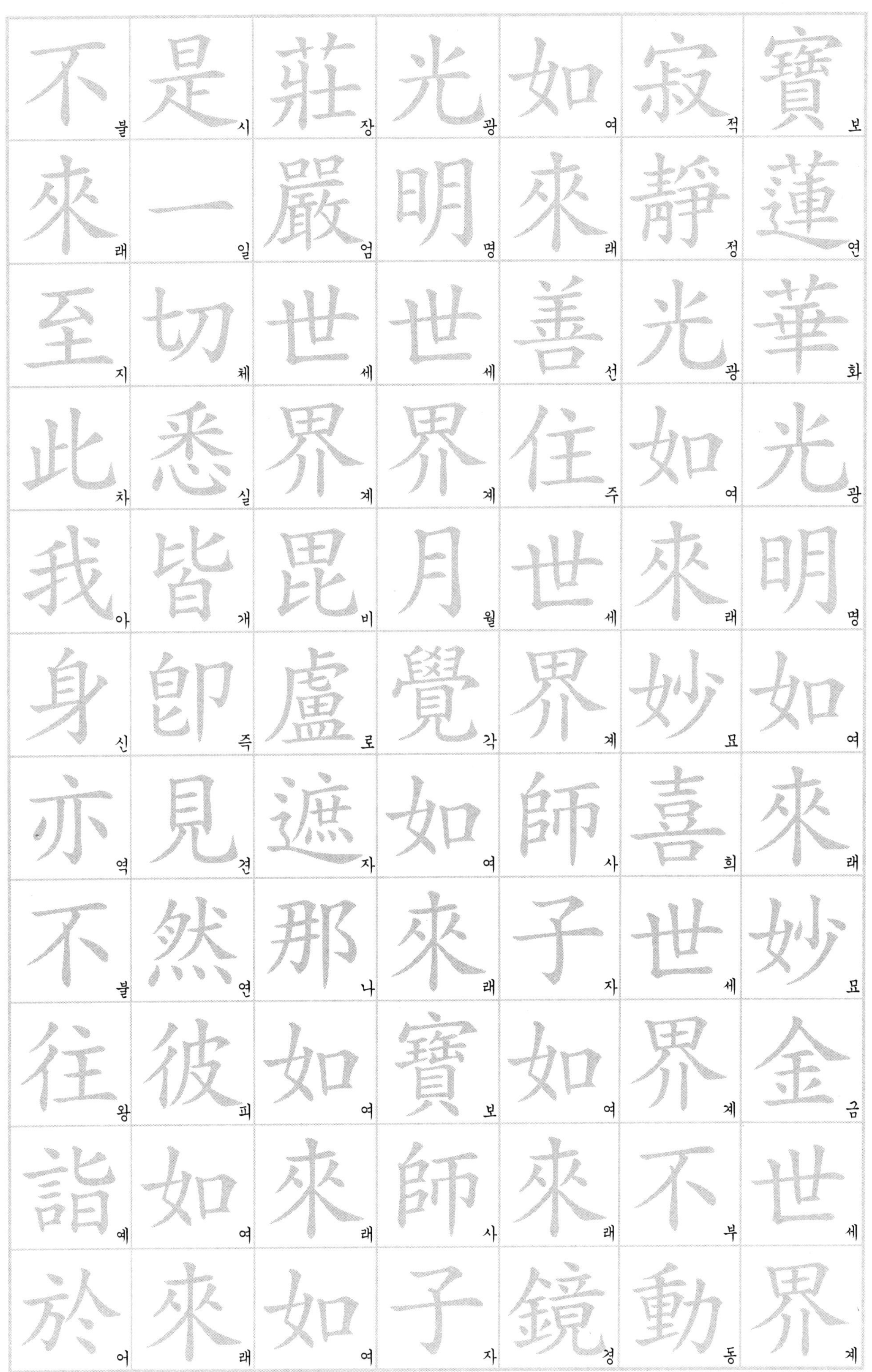
寶(보)蓮(연)華(화)光(광)明(명)如(여)來(래)妙(묘)金(금)世(세)界(계)
寂(적)靜(정)光(광)如(여)來(래)妙(묘)喜(희)世(세)界(계)不(부)動(동)
如(여)來(래)善(선)住(주)世(세)界(계)師(사)子(자)如(여)來(래)鏡(경)
光(광)明(명)世(세)界(계)月(월)覺(각)如(여)來(래)寶(보)師(사)子(자)
莊(장)嚴(엄)世(세)界(계)毘(비)盧(로)遮(자)那(나)如(여)來(래)如(여)
是(시)一(일)切(체)悉(실)皆(개)卽(즉)見(견)然(연)彼(피)如(여)來(래)
不(불)來(래)至(지)此(차)我(아)身(신)亦(역)不(불)往(왕)詣(예)於(어)

사경의 공덕은 십만억 부처님께 공양한 것과 같은 공덕이 있습니다.

諸佛法淨諸佛刹積集妙行
제불법정제불찰적집묘행
調伏衆生發大誓願入一切
조복중생발대서원입일체
智自在遊戲不可思議解脫
지자재유희불가사의해탈
之門得佛菩提現大神通徧
지문득불보리현대신통변
往一切十方法界以微細智
왕일체시방법계이미세지
普入諸劫如是一切悉由自
보입제겁여시일체실유자
心
심

在 재	以 이	自 자	進 진	應 응	助 조	
開 개	智 지	心 심	堅 견	於 어	自 자	是 시
發 발	慧 혜	應 응	固 고	境 경	心 심	故 고
自 자	明 명	以 이	自 자	界 계	應 응	善 선
心 심	利 리	智 지	心 심	淨 정	以 이	男 남
應 응	自 자	證 증	應 응	治 치	法 법	子 자
以 이	心 심	潔 결	以 이	自 자	水 수	應 응
佛 불	應 응	白 백	忍 인	心 심	潤 윤	以 이
平 평	以 이	自 자	辱 욕	應 응	澤 택	善 선
等 등	佛 불	心 심	坦 탄	以 이	自 자	法 법
廣 광	自 자	應 응	蕩 탕	精 정	心 심	扶 부

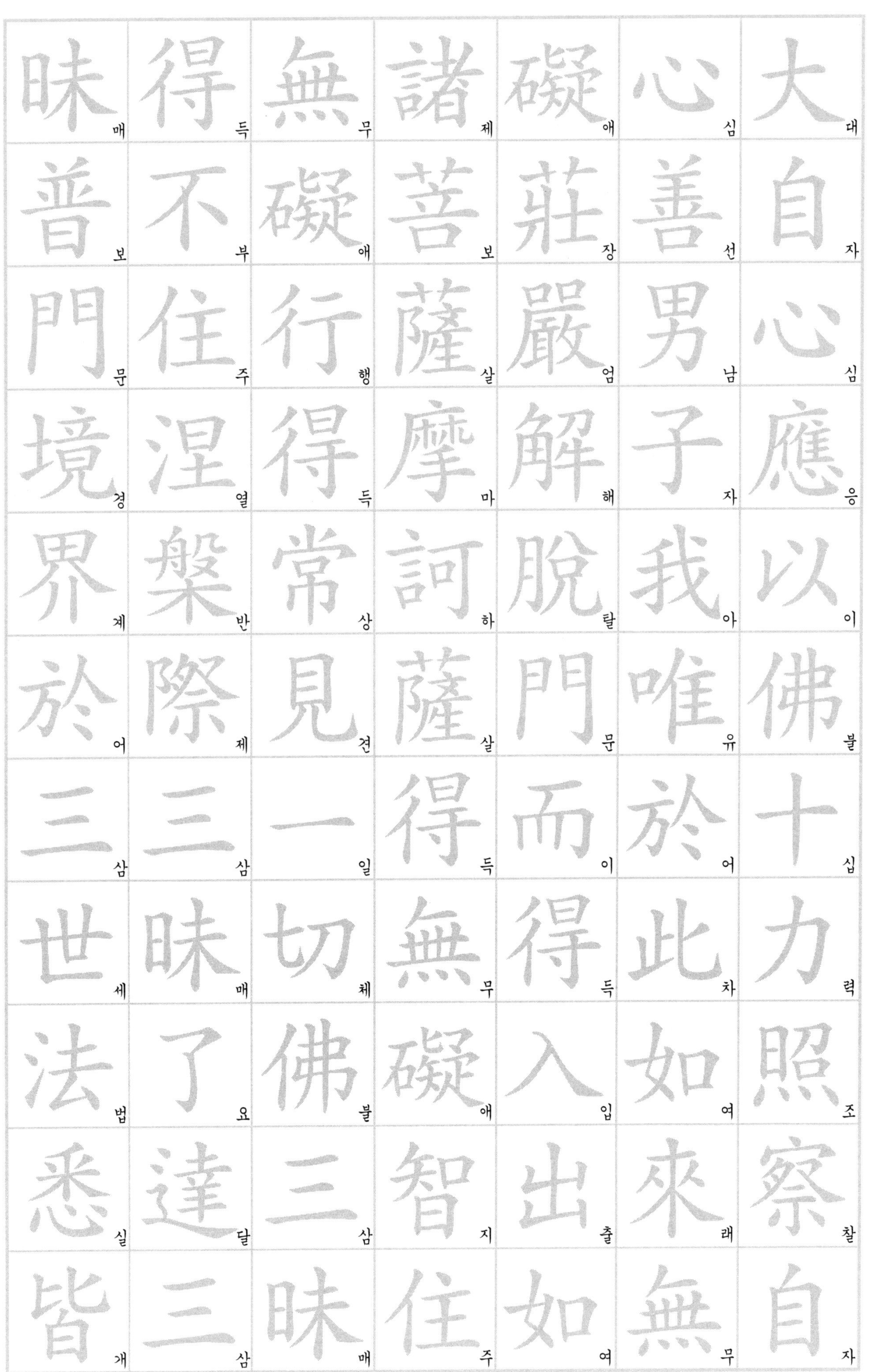
大自心應以佛十力照察自
대자심응이불십력조찰자
心善男子我唯於此如來無
심선남자아유어차여래무
礙莊嚴解脫門而得入出如
애장엄해탈문이득입출여
諸菩薩摩訶薩得無礙智住
제보살마하살득무애지주
無礙行得常見一切佛三昧
무애행득상견일체불삼매
得不住涅槃際三昧了達三
득부주열반제삼매요달삼
昧普門境界於三世法悉皆
매보문경계어삼세법실개

사경의 공덕은 십만억 부처님께 공양한 것과 같은 공덕이 있습니다.

何 하	不 불	成 성	了 료	皆 개	於 어	平 평
能 능	生 생	壞 괴	於 어	悉 실	諸 제	等 등
知 지	二 이	而 이	其 기	現 현	佛 불	能 능
能 능	想 상	於 어	身 신	前 전	平 평	善 선
說 설	如 여	已 이	中 중	智 지	等 등	分 분
善 선	是 시	其 기	悉 실	慧 혜	境 경	身 신
男 남	妙 묘	身 신	現 현	觀 관	界 계	徧 변
子 자	行 행	及 급	一 일	察 찰	十 시	一 일
從 종	而 이	諸 제	切 체	無 무	方 방	切 체
此 차	我 아	世 세	世 세	不 불	境 경	刹 찰
南 남	云 운	界 계	界 계	明 명	界 계	住 주

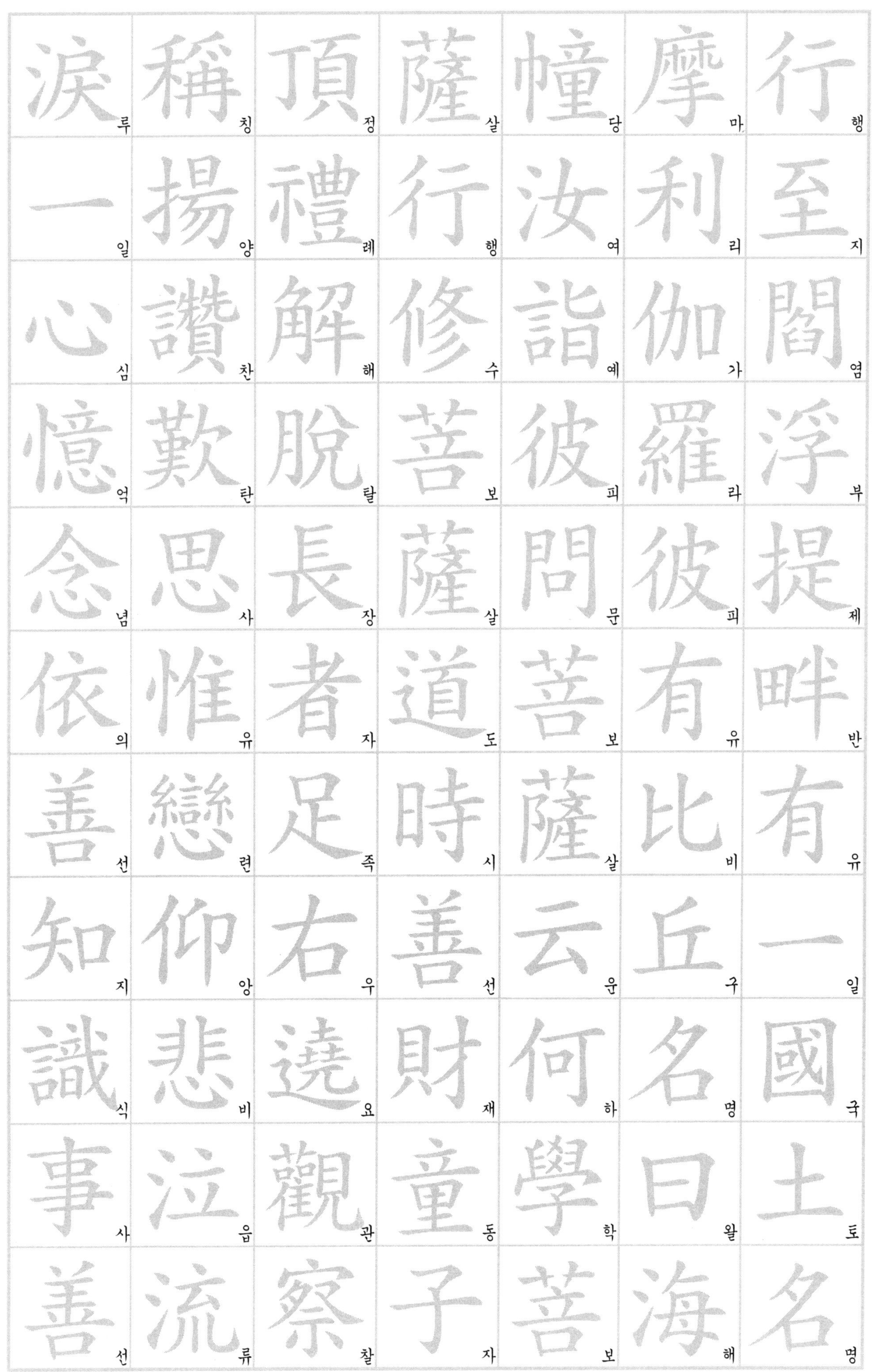

行至閻浮提畔有一國土名
행지염부제반유일국토명

摩利伽羅彼有比丘名曰海
마리가라피유비구명왈해

幢汝詣彼問菩薩云何學菩
당여예피문보살운하학보

薩行修菩薩道時善財童子
살행수보살도시선재동자

頂禮解脫長者足右遶觀察
정례해탈장자족우요관찰

稱揚讚歎思惟戀仰悲泣流
칭양찬탄사유련앙비읍류

淚一心憶念依善知識事善
루일심억념의선지식사선

知識敬善知識由善知識見
지식경선지식유선지식견

一切智於善知識不生違逆
일체지어선지식불생위역

於善知識心無諂誑於善知
어선지식심무첨광어선지

識心常隨順於善知識起慈
식심상수순어선지식기자

母想捨離一切無益法故於
모상사리일체무익법고어

善知識起慈父想出生一切
선지식기자부상출생일체

諸善法故辭退而去爾時善
제선법고사퇴이거이시선

사경의 공덕은 십만억 부처님께 공양한 것과 같은 공덕이 있습니다.

財童子一心正念彼長者教
재동자일심정념피장자교

觀察彼長者教憶念彼不思
관찰피장자교억념피부사

議菩薩解脫門思惟彼不思
의보살해탈문사유피부사

議菩薩智光明深入彼不思
의보살지광명심입피부사

議法界門趣向彼不思議菩
의법계문취향피부사의보

薩普入門明見彼不思議如
살보입문명견피부사의여

來神變解了彼不思議普入
래신변해료피부사의보입

사경의 공덕은 십만억 부처님께 공양한 것과 같은 공덕이 있습니다.

佛(불)剎(찰)分(분)別(별)彼(피)不(부)思(사)議(의)佛(불)力(력)莊(장)
嚴(엄)思(사)惟(유)彼(피)不(부)思(사)議(의)菩(보)薩(살)三(삼)昧(매)
解(해)脫(탈)境(경)界(계)分(분)位(위)了(요)達(달)彼(피)不(부)思(사)
議(의)差(차)別(별)世(세)界(계)究(구)竟(경)無(무)礙(애)修(수)行(행)
彼(피)不(부)思(사)議(의)菩(보)薩(살)堅(견)固(고)深(심)心(심)發(발)
起(기)彼(피)不(부)思(사)議(의)菩(보)薩(살)大(대)願(원)淨(정)業(업)
漸(점)次(차)南(남)行(행)至(지)閻(염)浮(부)提(제)畔(반)摩(마)利(리)

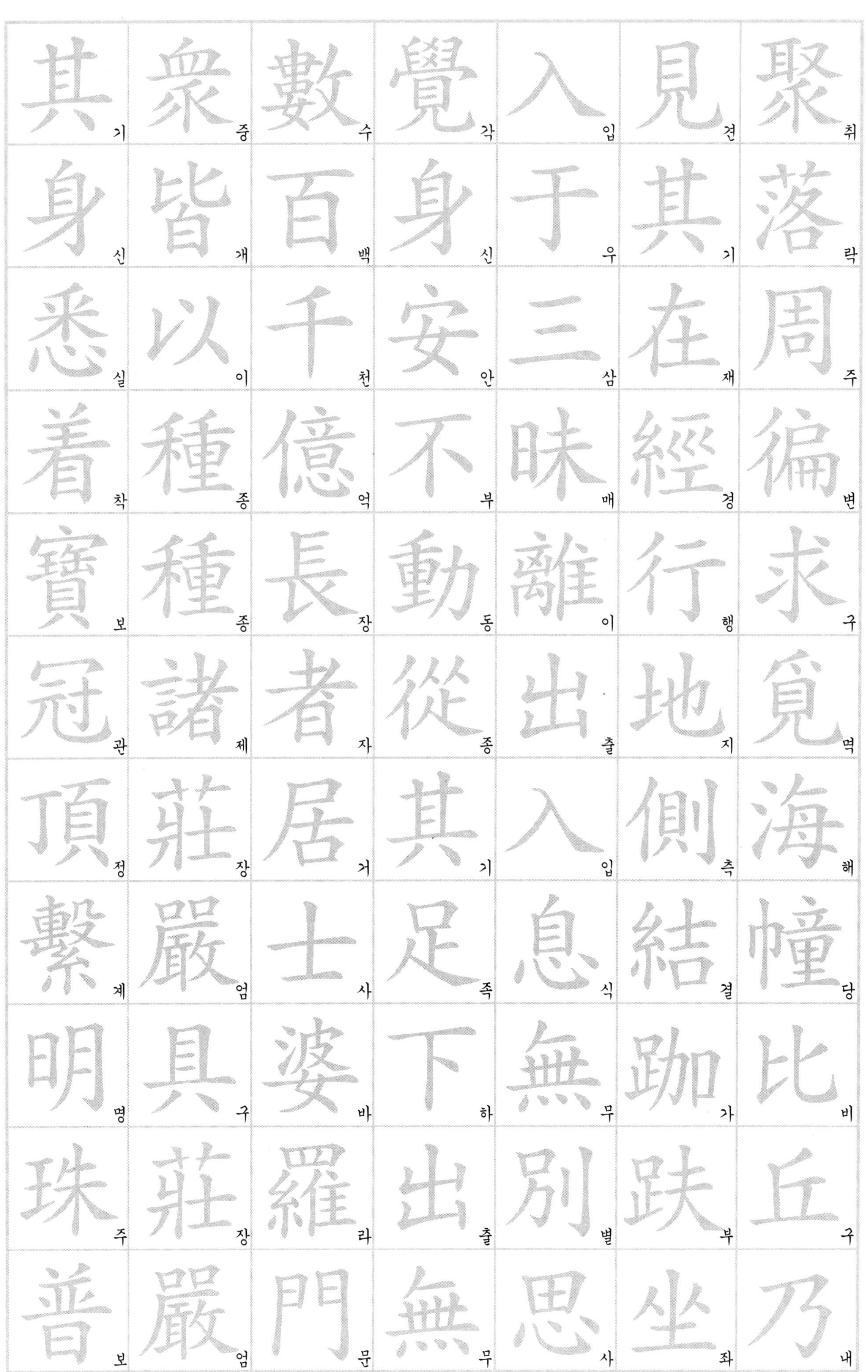

聚落周徧求覓海幢比丘乃
見其在經行地側結跏趺坐
入于三昧離出入息無別思
覺身安不動從其足下出無
數百千億長者居士婆羅門
眾皆以種種諸莊嚴具莊嚴
其身悉着寶冠頂繫明珠普

사경의 공덕은 십만억 부처님께 공양한 것과 같은 공덕이 있습니다.

往十方一切世界雨一切寶
왕시방일체세계우일체보

一切瓔珞一切衣服一切飲
일체영락일체의복일체음

食如法上味一切華一切鬘
식여법상미일체화일체만

一切香一切塗香一切欲樂
일체향일체도향일체욕락

資生之具於一切處救攝一
자생지구어일체처구섭일

切貧窮衆生安慰一切苦惱
체빈궁중생안위일체고뇌

衆生皆令歡喜心意清淨成
중생개령환희심의청정성

사경의 공덕은 십만억 부처님께 공양한 것과 같은 공덕이 있습니다.

就無上菩提之道從其兩膝 (취무상보리지도종기양슬)
出無數百千億刹帝利婆羅 (출무수백천억찰제리바라)
門衆皆悉聰慧種種色相種 (문중개실청혜종종색상종)
種形貌種種衣服上妙莊嚴 (종형모종종의복상묘장엄)
普徧十方一切世界愛語同 (보변시방일체세계애어동)
事攝諸衆生所謂貧者令足 (사섭제중생소위빈자령족)
病者令愈危者令安怖者令 (병자령유위자령안포자령)

止有憂苦者咸使快樂復以
지유우고자함사쾌락부이

方便而勸導之皆令捨惡安
방편이권도지개령사악안

住善法
주선법

從其腰間出等衆生數無
종기요간출등중생수무

量仙人或服草衣或樹皮衣
량선인혹복초의혹수피의

皆執澡瓶威儀寂靜周旋往
개집조병위의적정주선왕

返十方世界於虛空中以佛
반시방세계어허공중이불

사경의 공덕은 십만억 부처님께 공양한 것과 같은 공덕이 있습니다.

寶 보	不 부	幡 번	雲 운	香 향	議 의	議 의
瓔 영	思 사	雲 운	不 부	雲 운	諸 제	龍 용
珞 락	議 의	不 부	思 사	不 부	龍 용	不 부
雲 운	大 대	思 사	議 의	思 사	神 신	思 사
不 부	摩 마	議 의	寶 보	議 의	變 변	議 의
思 사	尼 니	妙 묘	蓋 개	華 화	所 소	龍 용
議 의	寶 보	寶 보	雲 운	雲 운	謂 위	女 녀
寶 보	雲 운	莊 장	不 부	不 부	雨 우	示 시
座 좌	不 부	嚴 엄	思 사	思 사	不 부	現 현
雲 운	思 사	具 구	議 의	議 의	思 사	不 부
不 부	議 의	雲 운	寶 보	鬘 만	議 의	思 사

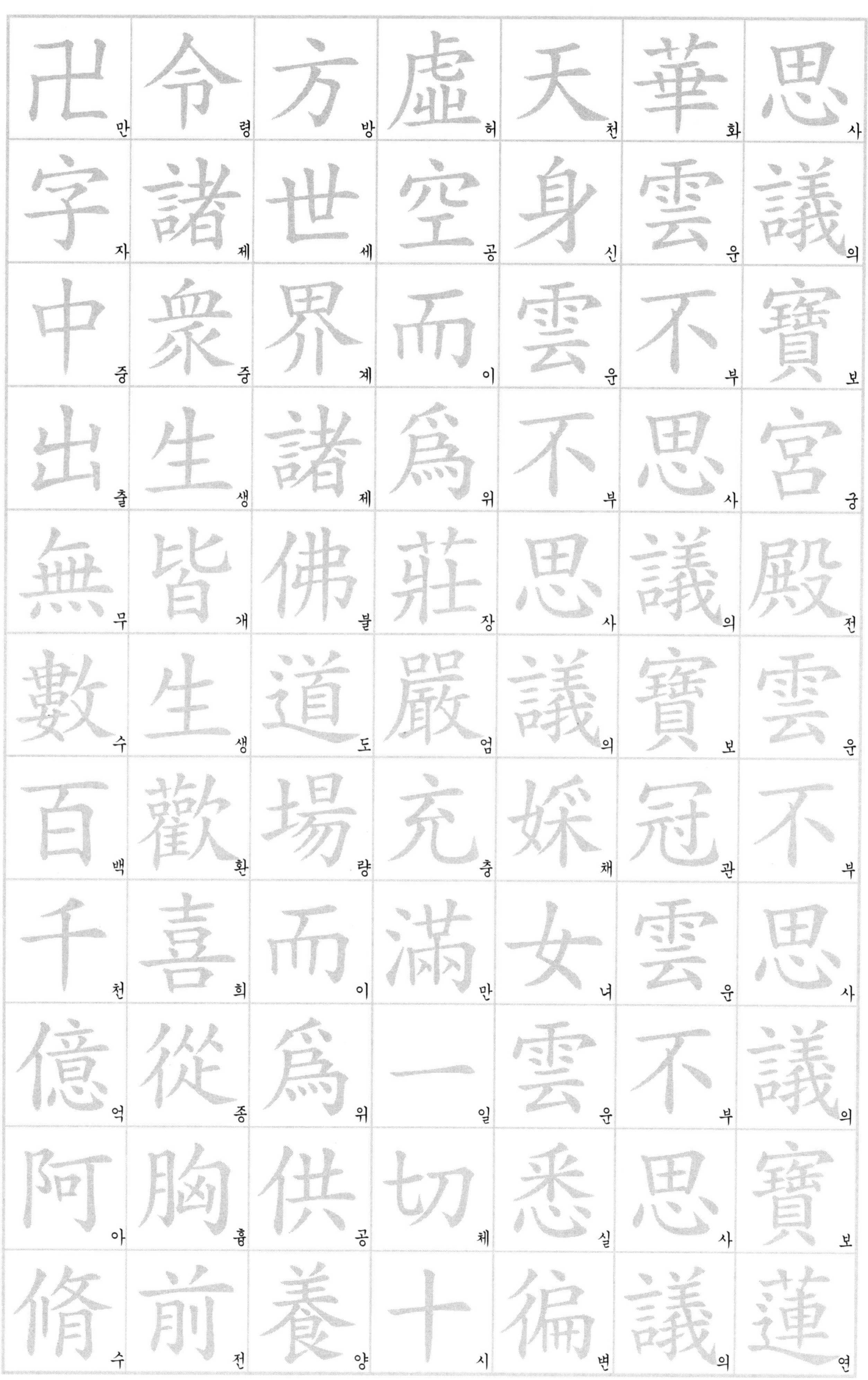
思(사)議(의)寶(보)宮(궁)殿(전)雲(운)不(부)思(사)議(의)寶(보)蓮(연)
華(화)雲(운)不(부)思(사)議(의)寶(보)冠(관)雲(운)不(부)思(사)議(의)
天(천)身(신)雲(운)不(부)思(사)議(의)婇(채)女(녀)雲(운)悉(실)徧(변)
虛(허)空(공)而(이)爲(위)莊(장)嚴(엄)充(충)滿(만)一(일)切(체)十(시)
方(방)世(세)界(계)諸(제)佛(불)道(도)場(량)而(이)爲(위)供(공)養(양)
令(령)諸(제)衆(중)生(생)皆(개)生(생)歡(환)喜(희)從(종)胸(흉)前(전)
卍(만)字(자)中(중)出(출)無(무)數(수)百(백)千(천)億(억)阿(아)脩(수)

사경의 공덕은 십만억 부처님께 공양한 것과 같은 공덕이 있습니다.

羅(라)王(왕)皆(개)悉(실)示(시)現(현)不(불)可(가)思(사)議(의)自(자)
在(재)幻(환)力(력)令(령)百(백)世(세)界(계)皆(개)大(대)震(진)動(동)
一(일)切(체)海(해)水(수)自(자)然(연)湧(용)沸(비)一(일)切(체)山(산)
王(왕)互(호)相(상)衝(충)擊(격)諸(제)天(천)宮(궁)殿(전)無(무)不(불)
動(동)搖(요)諸(제)魔(마)光(광)明(명)無(무)不(불)隱(은)蔽(폐)諸(제)
魔(마)兵(병)衆(중)無(무)不(불)摧(최)伏(복)普(보)令(령)衆(중)生(생)
捨(사)憍(교)慢(만)心(심)除(제)怒(노)害(해)心(심)破(파)煩(번)惱(뇌)

山息衆惡法長無鬪諍永共
산식중악법장무투쟁영공

和善復以幻力開悟衆生令
화선부이환력개오중생령

滅罪惡令怖生死令出諸趣
멸죄악령포생사령출제취

令離染着令住無上菩提之
령이염착령주무상보리지

心令修一切諸菩薩行令住
심령수일체제보살행령주

一切諸波羅蜜令入一切諸
일체제바라밀령입일체제

菩薩地令觀一切微妙法門
보살지령관일체미묘법문

令령知지一일切체諸제佛불方방便편如여是시所소

作작周주徧변法법界계從종其기背배上상爲위應응

以이二이乘승而이得득度도者자出출無무數수百백

千천億억聲성聞문獨독覺각爲위着착我아者자說설

無무有유我아爲위執집常상者자說설一일切체行행

皆개悉실無무常상爲위貪탐行행者자說설不부淨정

觀관爲위瞋진行행者자說설慈자心심觀관爲위癡치

行(행) 者(자) 說(설) 緣(연) 起(기) 觀(관) 爲(위) 等(등) 分(분) 行(행) 者(자)

說(설) 與(여) 智(지) 慧(혜) 相(상) 應(응) 境(경) 界(계) 法(법) 爲(위) 樂(악)

着(착) 境(경) 界(계) 者(자) 說(설) 無(무) 所(소) 有(유) 法(법) 爲(위) 樂(악)

着(착) 寂(적) 靜(정) 處(처) 者(자) 說(설) 發(발) 大(대) 誓(서) 願(원) 普(보)

饒(요) 益(익) 一(일) 切(체) 衆(중) 生(생) 法(법) 如(여) 是(시) 所(소) 作(작)

周(주) 徧(변) 法(법) 界(계)

從(종) 其(기) 兩(양) 肩(견) 出(출) 無(무) 數(수) 百(백) 千(천) 億(억)

사경의 공덕은 십만억 부처님께 공양한 것과 같은 공덕이 있습니다.

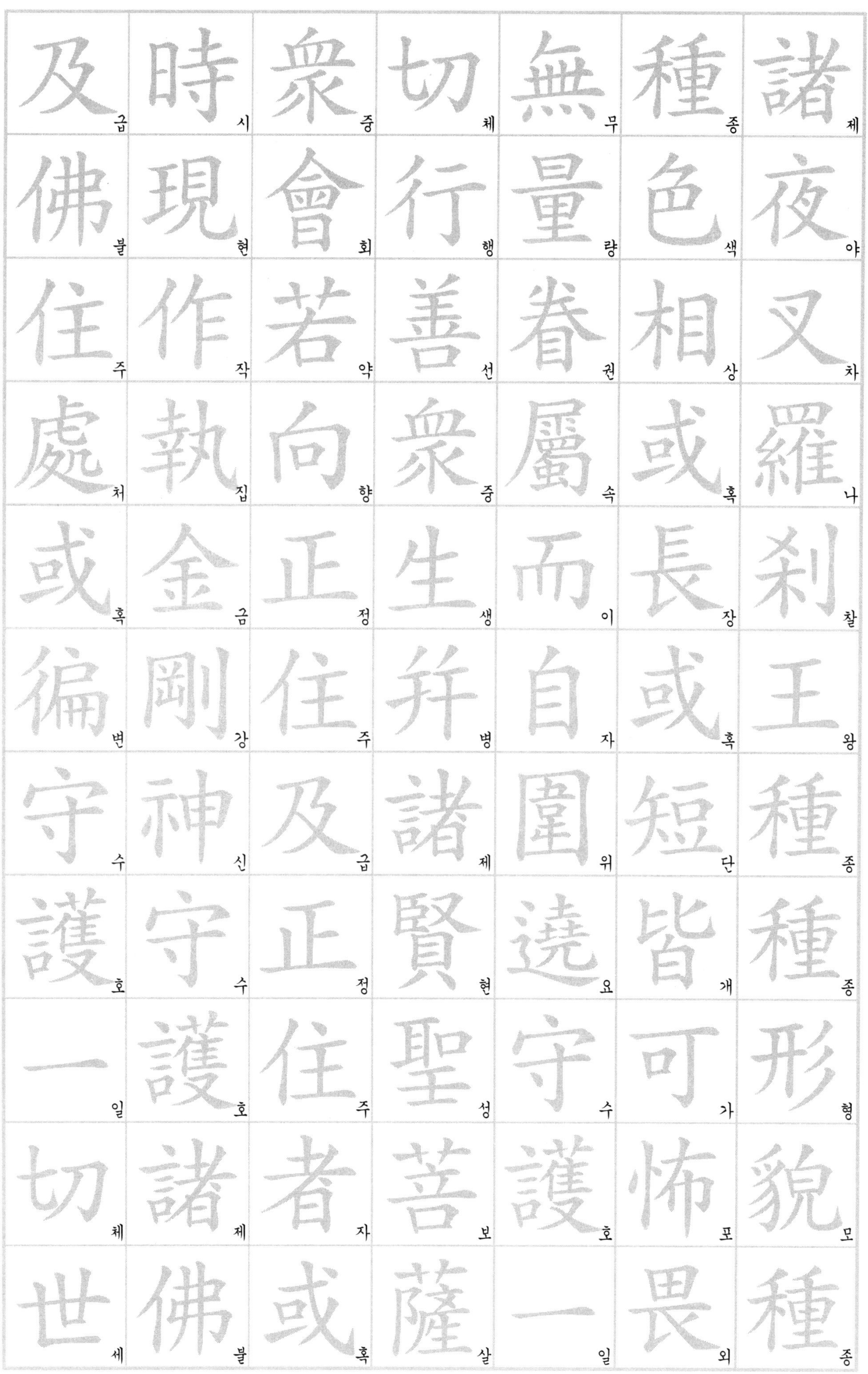
諸夜叉羅刹王種種形貌種
제야차나찰왕종종형모종
種色相或長或短皆可怖畏
종색상혹장혹단개가포외
無量眷屬而自圍遶守護一
무량권속이자위요수호일
切行善眾生并諸賢聖菩薩
체행선중생병제현성보살
眾會若向正住及正住者或
중회약향정주급정주자혹
時現作執金剛神守護諸佛
시현작집금강신수호제불
及佛住處或徧守護一切世
급불주처혹변수호일체세

間有怖畏者令得安隱有疾
간유포외자령득안은유질

病者令得除差有苦惱者令
병자령득제차유고뇌자령

得免離有過惡者令其厭悔
득면이유과오자령기염회

有災橫者令其息滅如是利
유재횡자령기식멸여시이

益一切衆生皆悉令其捨生
익일체중생개실령기사생

死輪轉正法輪從其腹出無
사륜전정법륜종기복출무

數百千億緊那羅王各有無
수백천억긴나라왕각유무

數(수)緊(긴)那(나)羅(라)女(녀)前(전)後(후)圍(위)遶(요)又(우)出(출)
無(무)數(수)百(백)千(천)億(억)乾(건)闥(달)婆(바)王(왕)各(각)有(유)
無(무)數(수)乾(건)闥(달)婆(바)女(녀)前(전)後(후)圍(위)遶(요)各(각)
奏(주)無(무)數(수)百(백)千(천)天(천)樂(악)歌(가)詠(영)讚(찬)歎(탄)
諸(제)法(법)實(실)性(성)歌(가)詠(영)讚(찬)歎(탄)一(일)切(체)諸(제)
佛(불)歌(가)詠(영)讚(찬)歎(탄)發(발)菩(보)提(리)心(심)歌(가)詠(영)
讚(찬)歎(탄)修(수)菩(보)薩(살)行(행)歌(가)詠(영)讚(찬)歎(탄)一(일)

切체 諸제 佛불 成성 正정 覺각 門문 歌가 詠영 讚찬 歎탄
一일 切체 諸제 佛불 轉전 法법 輪륜 門문 歌가 詠영 讚찬
歎탄 一일 切체 諸제 佛불 現현 神신 變변 門문 開개 示시
演연 說설 一일 切체 諸제 佛불 般반 涅열 槃반 門문 開개
示시 演연 說설 守수 護호 一일 切체 諸제 佛불 教교 門문
開개 示시 演연 說설 令령 一일 切체 衆중 生생 皆개 歡환
喜희 門문 開개 示시 演연 說설 嚴엄 淨정 一일 切체 諸제

佛刹門開示演說顯示一切
불찰문개시연설현시일체

微妙法門開示演說捨離一
미묘법문개시연설사리일

切諸障礙門開示演說發生
체제장애문개시연설발생

一切諸善根門如是周遍十
일체제선근문여시주변시

方法界從其面門出無數百
방법계종기면문출무수백

千億轉輪聖王七寶具足四
천억전륜성왕칠보구족사

兵圍遶放大捨光雨無量寶
병위요방대사광우무량보

사경의 공덕은 십만억 부처님께 공양한 것과 같은 공덕이 있습니다.

他 타	語 어	不 부	其 기	百 백	斷 단	諸 제
語 어	不 부	斷 단	永 영	千 천	不 불	貧 빈
不 불	作 작	生 생	斷 단	悉 실	與 여	乏 핍
行 행	虛 허	命 명	邪 사	以 이	取 취	者 자
離 이	誑 광	令 영	淫 음	捨 사	行 행	悉 실
間 간	無 무	其 기	之 지	施 시	端 단	使 사
令 영	益 익	究 구	行 행	心 심	正 정	充 충
柔 유	談 담	竟 경	令 영	無 무	婇 채	足 족
軟 연	說 설	常 상	生 생	所 소	女 녀	令 영
語 어	令 영	眞 진	慈 자	着 착	無 무	其 기
無 무	攝 섭	實 실	心 심	令 영	數 수	永 영

理 리	一 일	得 득	瑕 하	辭 사	明 명	有 유
拔 발	切 체	淸 청	垢 구	爲 위	了 료	麤 추
邪 사	諸 제	淨 정	爲 위	說 설	之 지	惡 악
見 견	法 법	爲 위	說 설	少 소	義 의	令 영
刺 자	深 심	說 설	大 대	欲 욕	不 부	常 상
破 파	入 입	實 실	悲 비	令 령	作 작	演 연
疑 의	因 인	義 의	令 영	除 제	無 무	說 설
惑 혹	緣 연	令 령	除 제	貪 탐	義 의	甚 심
山 산	善 선	其 기	忿 분	愛 애	綺 기	深 심
一 일	明 명	觀 관	怒 노	心 심	飾 식	決 결
切 체	諦 체	察 찰	意 의	無 무	言 언	定 정

사경의 공덕은 십만억 부처님께 공양한 것과 같은 공덕이 있습니다.

障碍悉皆除滅如是所作充
장애실개제멸여시소작충

滿法界從其兩目出無數百
만법계종기양목출무수백

千億日輪普照一切諸大地
천억일륜보조일체제대지

獄及諸惡趣皆令離苦又照
옥급제악취개령이고우조

一切世界中間令除黑暗又
일체세계중간영제흑암우

照一切十方衆生皆令捨離
조일체시방중생개령사리

愚癡翳障於垢濁國土放淸
우치예장어구탁국토방청

사경의 공덕은 십만억 부처님께 공양한 것과 같은 공덕이 있습니다.

諸 제	色 색	光 광	一 일	摩 마	網 망	青 청
衆 중	光 광	種 종	寶 보	尼 니	藏 장	色 색
生 생	照 조	種 종	所 소	王 왕	摩 마	光 광
無 무	諸 제	寶 보	成 성	國 국	尼 니	赤 적
量 량	衆 중	所 소	國 국	土 토	王 왕	眞 진
事 사	生 생	成 성	土 토	放 방	色 색	珠 주
業 업	心 심	國 국	放 방	赤 적	光 광	國 국
嚴 엄	之 지	土 토	種 종	眞 진	月 월	土 토
飾 식	稠 주	放 방	種 종	珠 주	光 광	放 방
一 일	林 림	一 일	寶 보	色 색	網 망	月 월
切 체	辨 변	寶 보	色 색	光 광	藏 장	光 광

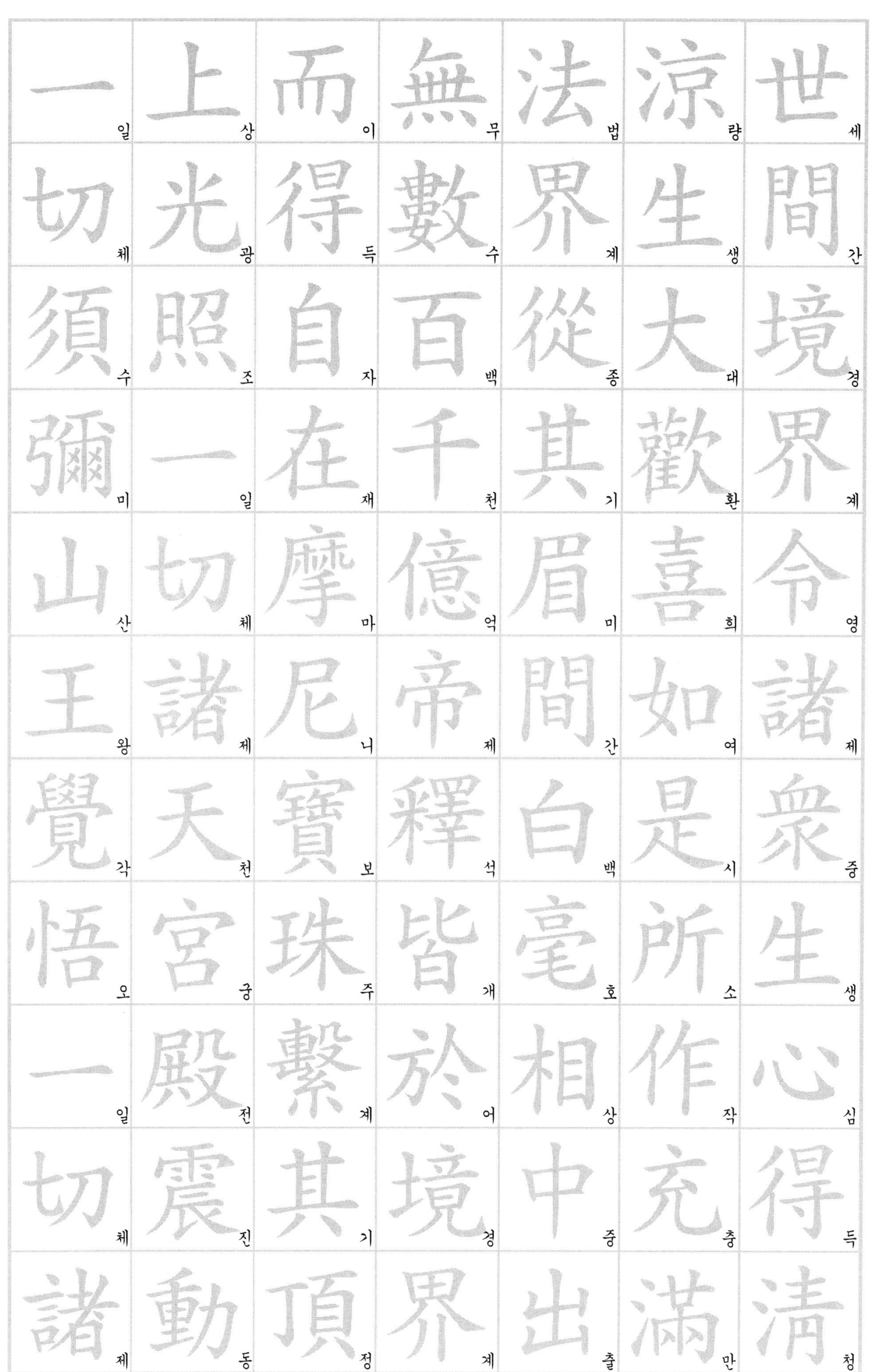
世間境界令諸衆生心得淸涼生大歡喜如是所作充滿法界從其眉間白毫相中出無數百千億帝釋皆於境界而得自在摩尼寶珠繫其頂上光照一切諸天宮殿震動一切須彌山王覺悟一切諸

세간경계영제중생심득청량생대환희여시소작충만법계종기미간백호상중출무수백천억제석개어경계이득자재마니보주계기정상광조일체제천궁전진동일체수미산왕각오일체제

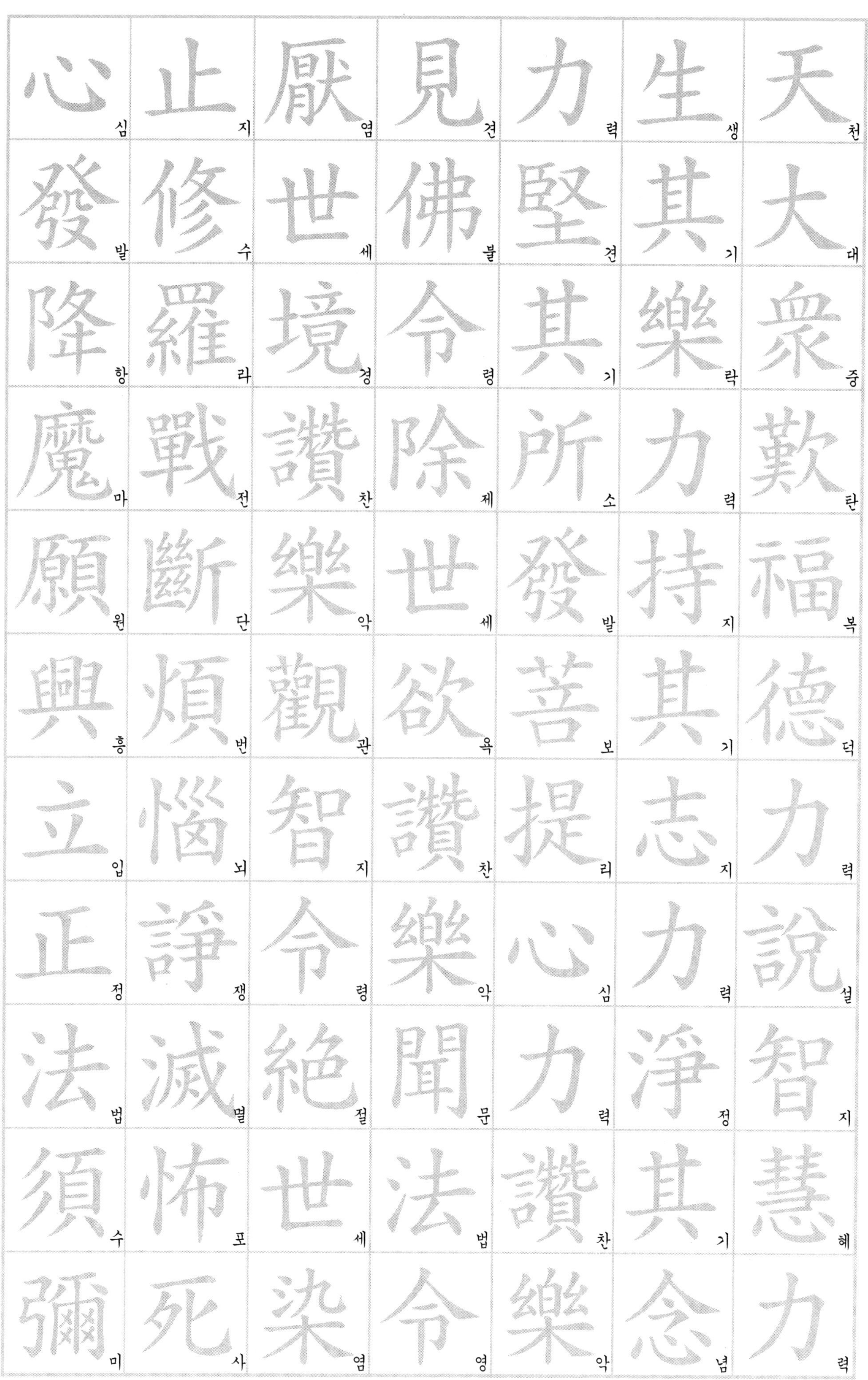

天大衆歎福德力說智慧力
천대중탄복덕력설지혜력

生其樂力持其志力淨其念
생기락력지기지력정기념

力堅其所發菩提心力讚樂
력견기소발보리심력찬악

見佛令除世欲讚樂聞法令
견불령제세욕찬악문법영

厭世境讚樂觀智令絶世染
염세경찬악관지령절세염

止修羅戰斷煩惱諍滅怖死
지수라전단번뇌쟁멸포사

心發降魔願興立正法須彌
심발항마원흥입정법수미

사경의 공덕은 십만억 부처님께 공양한 것과 같은 공덕이 있습니다.

山王成辨衆生一切事業如
산왕성변중생일체사업여

是所作周徧法界從其額上
시소작주변법계종기액상

出無數百千億梵天色相端
출무수백천억범천색상단

嚴世間無比威儀寂靜言音
엄세간무비위의적정언음

微妙勸佛說法歎佛功德令
미묘권불설법탄불공덕령

諸菩薩悉皆歡喜能辨衆生
제보살실개환희능변중생

無量事業普徧一切十方世
무량사업보변일체시방세

界(계)從(종)其(기)頭(두)上(상)出(출)無(무)量(량)佛(불)剎(찰)微(미)
塵(진)數(수)諸(제)菩(보)薩(살)衆(중)悉(실)以(이)相(상)好(호)莊(장)
嚴(엄)其(기)身(신)放(방)無(무)邊(변)光(광)說(설)種(종)種(종)行(행)
所(소)謂(위)讚(찬)歎(탄)布(보)施(시)令(령)捨(사)慳(간)貪(탐)得(득)
衆(중)妙(묘)寶(보)莊(장)嚴(엄)世(세)界(계)稱(칭)揚(양)讚(찬)歎(탄)
持(지)戒(계)功(공)德(덕)令(영)諸(제)衆(중)生(생)永(영)斷(단)諸(제)
惡(악)住(주)於(어)菩(보)薩(살)大(대)慈(자)悲(비)戒(계)說(설)一(일)

切有悉皆如夢說諸欲樂無
체유실개여몽설제욕락무

有滋味令諸衆生離煩惱縛
유자미영제중생이번뇌박

說忍辱力令於諸法心得自
설인욕력영어제법심득자

在讚金色身令諸衆生離瞋
재찬금색신영제중생이진

恚垢起對治行絶畜生道歎
에구기대치행절축생도탄

精進行令其遠離世間放逸
정진행령기원리세간방일

皆悉勤修無量妙法又爲讚
개실근수무량묘법우위찬

歎(탄)禪(선)波(바)羅(라)蜜(밀)令(영)其(기)一(일)切(체)心(심)得(득)
自(자)在(재)又(우)爲(위)演(연)說(설)般(반)若(야)波(바)羅(라)蜜(밀)
開(개)示(시)正(정)見(견)令(영)諸(제)衆(중)生(생)樂(락)自(자)在(재)
智(지)拔(발)諸(제)見(견)毒(독)又(우)爲(위)演(연)說(설)隨(수)順(순)
世(세)間(간)種(종)種(종)所(소)作(작)令(영)諸(제)衆(중)生(생)雖(수)
離(이)生(생)死(사)而(이)於(어)諸(제)趣(취)自(자)在(재)受(수)生(생)
又(우)爲(위)示(시)現(현)神(신)通(통)變(변)化(화)說(설)壽(수)命(명)

自在令諸衆生發大誓願又
자재영제중생발대서원우

爲演說成就總持力出生大
위연설성취총지력출생대

願力淨治三昧力自在受生
원력정치삼매력자재수생

力又爲演說種種諸智所謂
력우위연설종종제지소위

普知衆生諸根智普知一切
보지중생제근지보지일체

心行智普知如來十力智普
심행지보지여래십력지보

知諸佛自在智如是所作周
지제불자재지여시소작주

雨 우	量 량	出 출	眞 진	隨 수	千 천	徧 변
法 법	大 대	妙 묘	金 금	好 호	億 억	法 법
雨 우	神 신	音 음	山 산	淸 청	如 여	界 계
所 소	通 통	聲 성	無 무	淨 정	來 래	從 종
謂 위	力 력	充 충	量 량	莊 장	身 신	其 기
爲 위	爲 위	滿 만	光 광	嚴 엄	其 기	頂 정
坐 좌	一 일	法 법	明 명	威 위	身 신	上 상
菩 보	切 체	界 계	普 보	光 광	無 무	出 출
提 리	世 세	示 시	照 조	赫 혁	等 등	無 무
道 도	間 간	現 현	十 시	奕 혁	諸 제	數 수
場 량	普 보	無 무	方 방	如 여	相 상	百 백

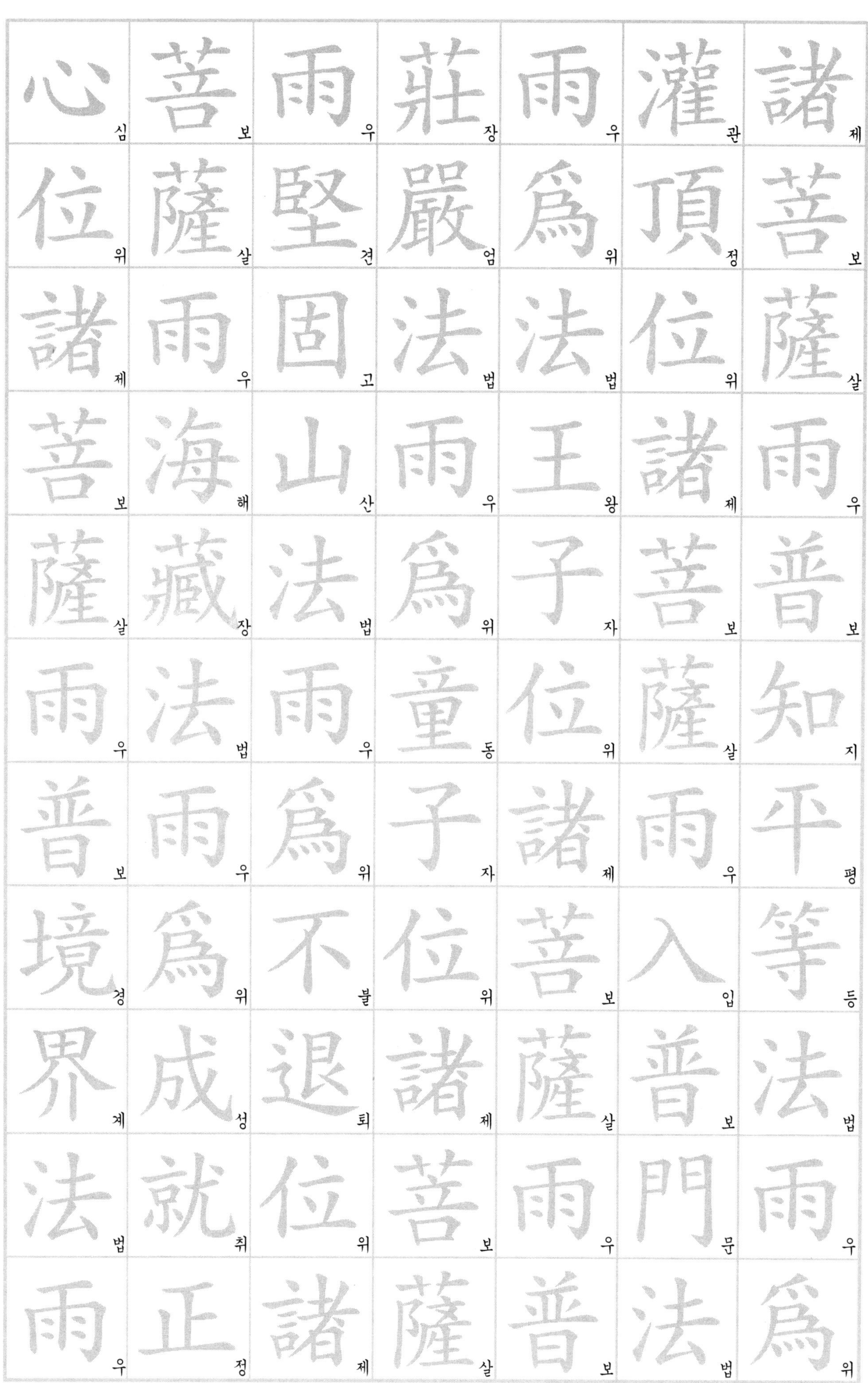
諸菩薩雨普知平等法雨爲
灌頂位諸菩薩雨入普門法
雨爲法王子位諸菩薩雨普
莊嚴法雨爲童子位諸菩薩
雨堅固山法雨爲不退位諸
菩薩雨海藏法雨爲成就正
心位諸菩薩雨普境界法雨

사경의 공덕은 십만억 부처님께 공양한 것과 같은 공덕이 있습니다.

雨 우	初 초	學 학	諸 제	雨 우	性 성	爲 위
爲 위	發 발	諸 제	菩 보	隨 수	門 문	方 방
信 신	心 심	菩 보	薩 살	順 순	法 법	便 편
解 해	諸 제	薩 살	雨 우	世 세	雨 우	具 구
諸 제	菩 보	雨 우	普 보	間 간	爲 위	足 족
菩 보	薩 살	積 적	悲 비	法 법	生 생	位 위
薩 살	雨 우	集 집	愍 민	雨 우	貴 귀	諸 제
雨 우	攝 섭	藏 장	法 법	爲 위	位 위	菩 보
無 무	衆 중	法 법	雨 우	修 수	諸 제	薩 살
盡 진	生 생	雨 우	爲 위	行 행	菩 보	雨 우
境 경	法 법	爲 위	新 신	位 위	薩 살	自 자

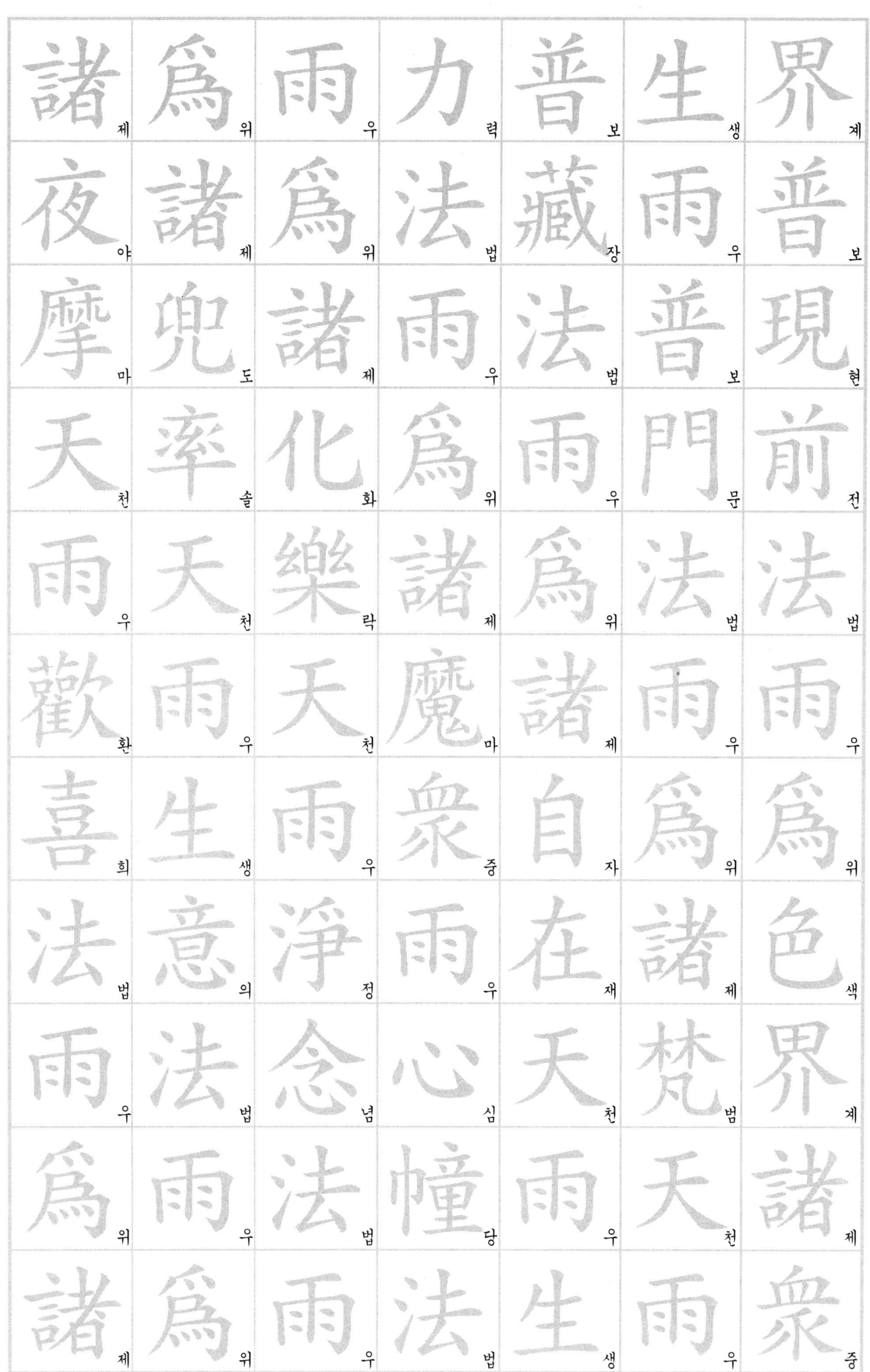

界普現前法雨爲色界諸衆
生雨普門法雨爲諸梵天雨
普藏法雨爲諸自在天雨生
力法雨爲諸魔衆雨心幢法
雨爲諸化樂天雨淨念法雨
爲諸兜率天雨生意法雨爲
諸夜摩天雨歡喜法雨爲諸

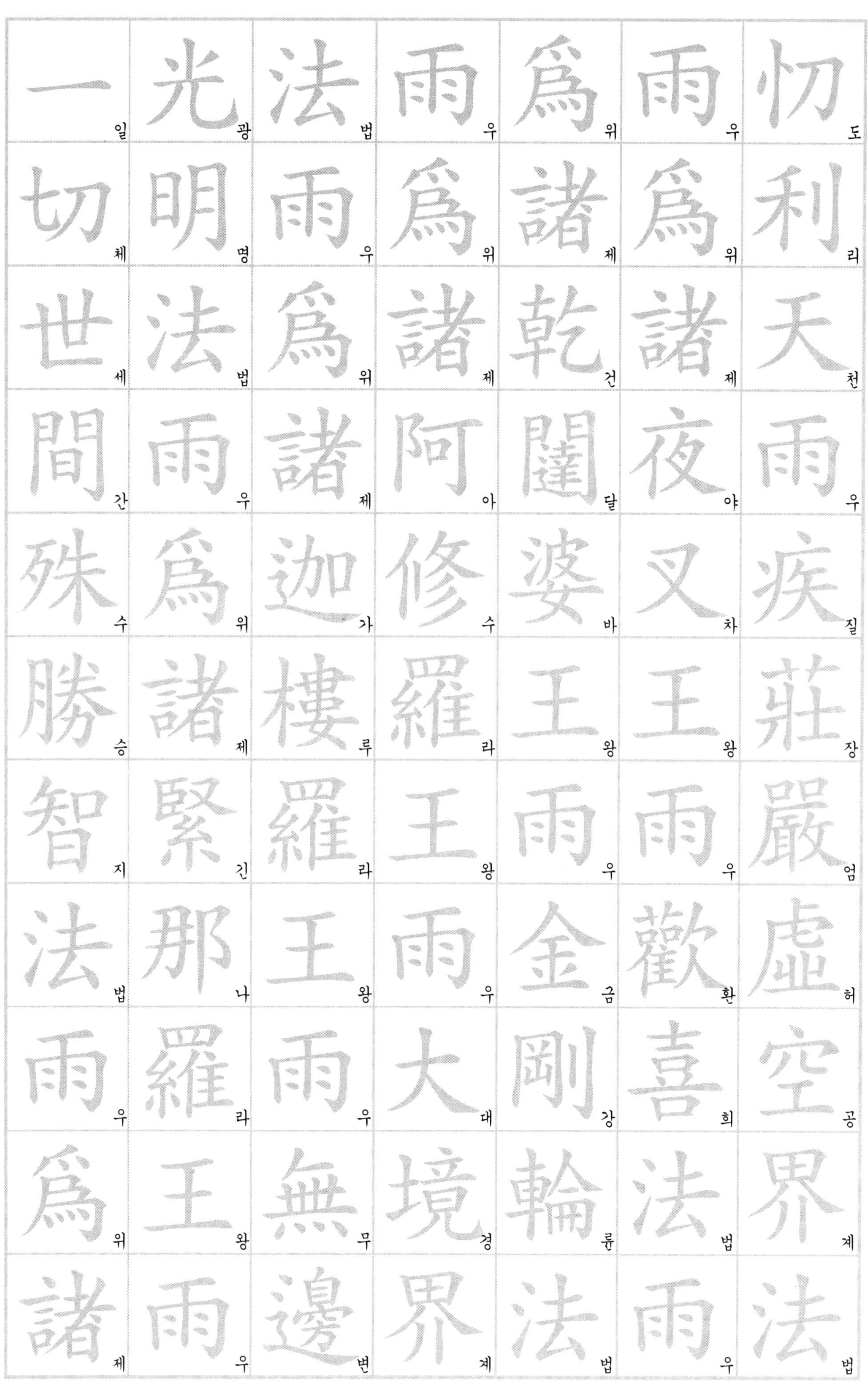
忉利天雨疾莊嚴虛空界法
도리천우질장엄허공계법

雨爲諸夜叉王雨歡喜法雨
우위제야차왕우환희법우

爲諸乾闥婆王雨金剛輪法
위제건달바왕우금강륜법

雨爲諸阿修羅王雨大境界
우위제아수라왕우대경계

法雨爲諸迦樓羅王雨無邊
법우위제가루라왕우무변

光明法雨爲諸緊那羅王雨
광명법우위제긴나라왕우

一切世間殊勝智法雨爲諸
일체세간수승지법우위제

人인 王왕 雨우 無무 樂락 着착 法법 雨우 爲위 諸제 龍용
王왕 雨우 歡환 喜희 幢당 法법 雨우 爲위 諸제 摩마 睺후
羅라 伽가 王왕 大대 休휴 息식 法법 雨우 爲위 諸제 地지
獄옥 衆중 生생 雨우 正정 念념 莊장 嚴엄 法법 雨우 爲위
諸제 畜축 生생 雨우 智지 慧혜 藏장 法법 雨우 爲위 閻염
羅라 王왕 界계 衆중 生생 雨우 無무 畏외 法법 雨우 爲위
諸제 厄액 難난 處처 衆중 生생 雨우 普보 安안 慰위 法법

雨우 悉실 令령 得득 入입 賢현 聖성 衆중 會회 如여 是시

所소 作작 充충 滿만 法법 界계 海해 幢당 比비 丘구 又우

於어 其기 身신 一일 切체 毛모 孔공 一일 一일 皆개 出출

阿아 僧승 祇기 佛불 刹찰 微미 塵진 數수 光광 明명 網망

一일 一일 光광 明명 網망 具구 阿아 僧승 祇기 色색 相상

阿아 僧승 祇기 莊장 嚴엄 阿아 僧승 祇기 境경 界계 阿아

僧승 祇기 事사 業업 充충 滿만 十시 方방 一일 切체 法법

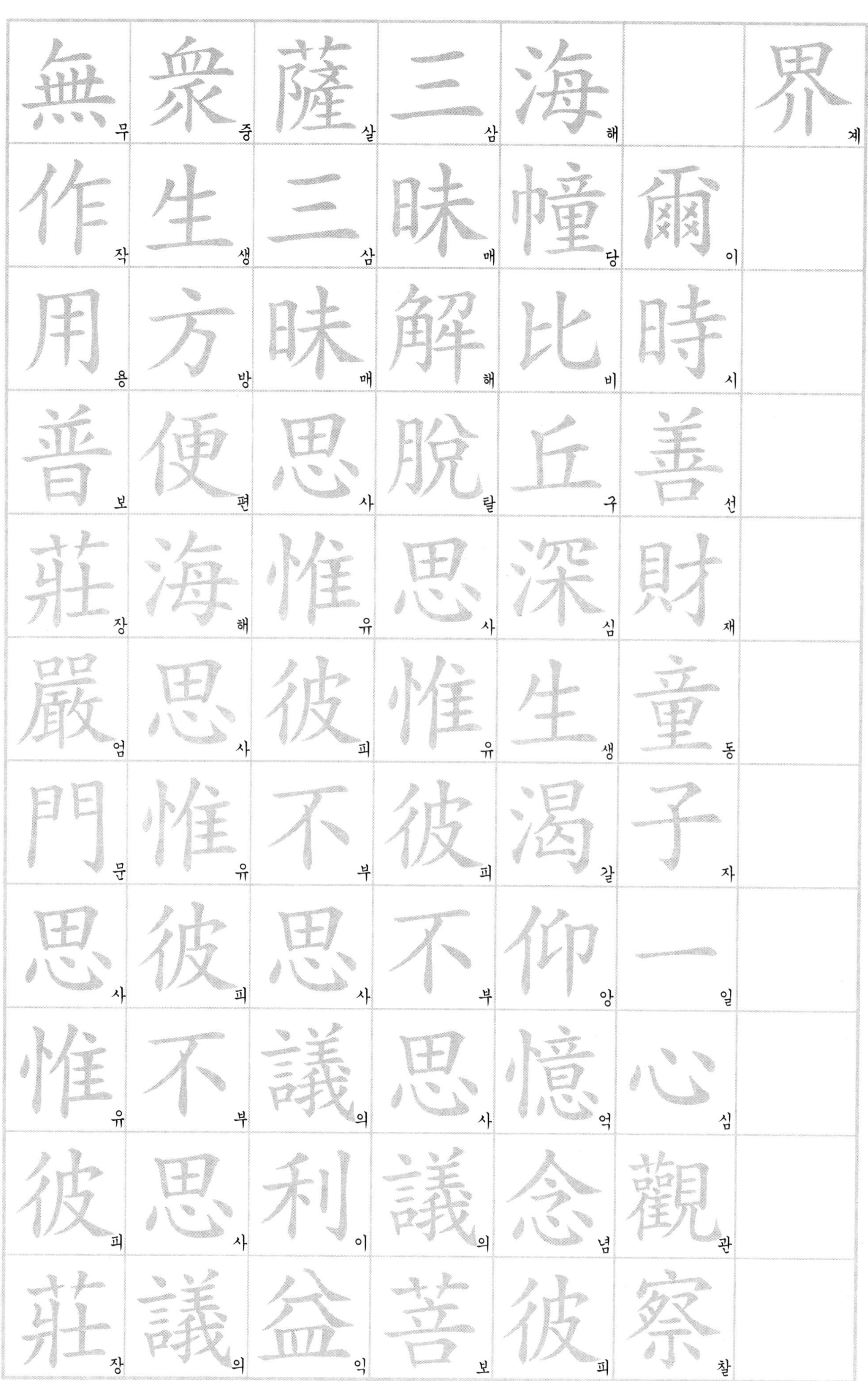
界
爾時善財童子一心觀察
海幢比丘深生渴仰憶念彼
三昧解脫思惟彼不思議菩
薩三昧思惟彼不思議利益
衆生方便海思惟彼不思議
無作用普莊嚴門思惟彼莊

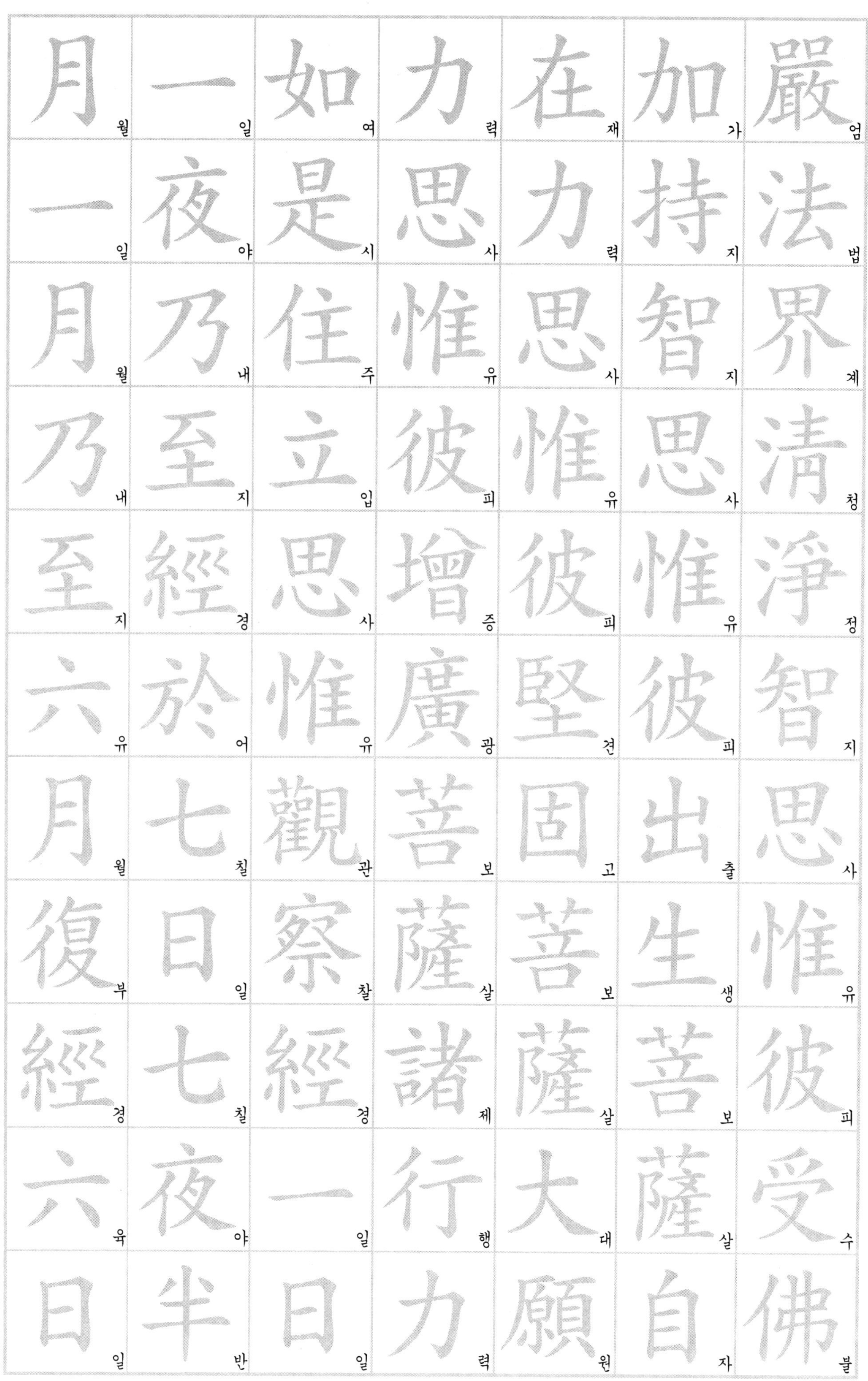

사경의 공덕은 십만억 부처님께 공양한 것과 같은 공덕이 있습니다.

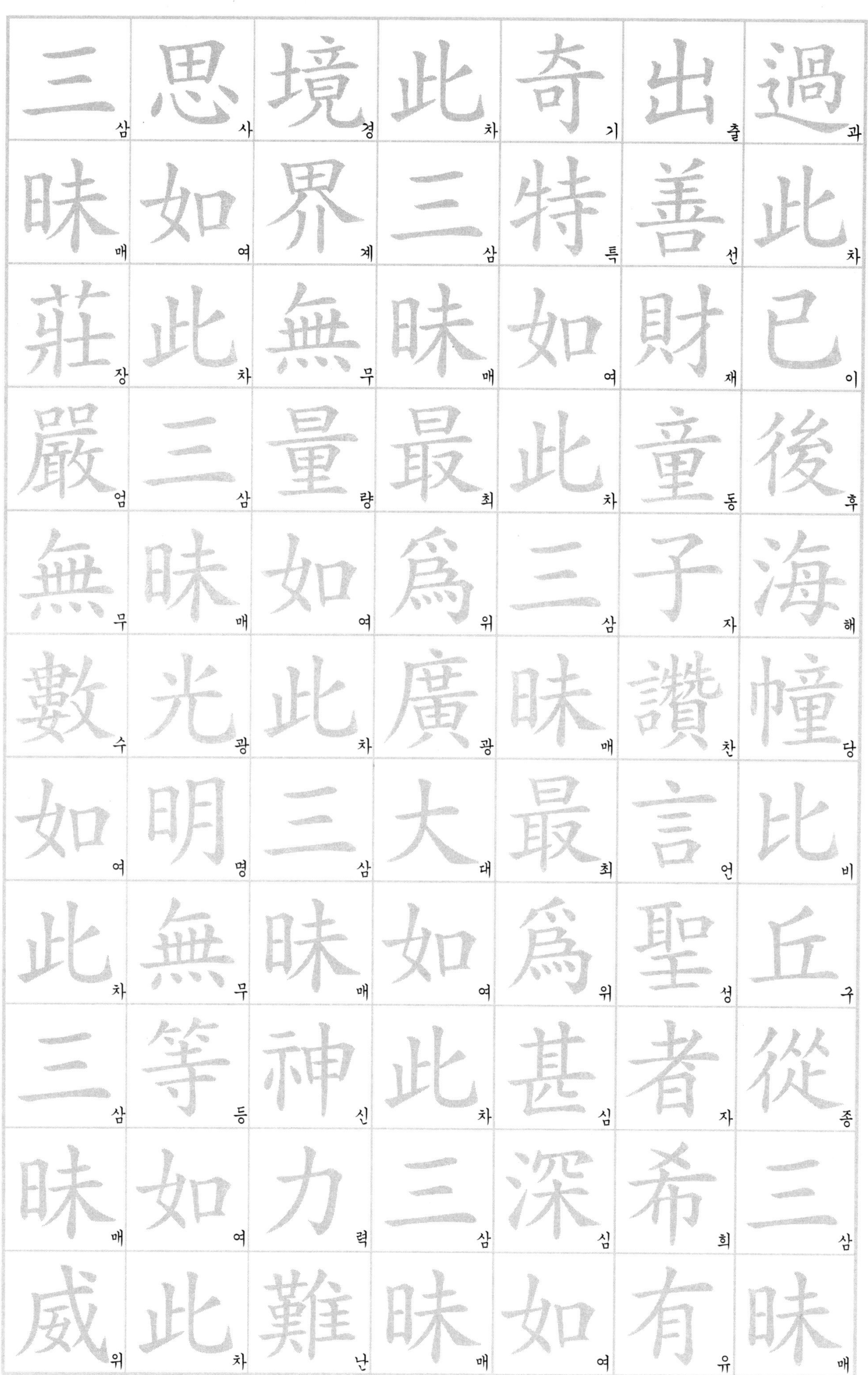

사경의 공덕은 십만억 부처님께 공양한 것과 같은 공덕이 있습니다.

天 천	免 면	切 체	衆 중	昧 매	如 여	力 력
道 도	畜 축	衆 중	生 생	利 이	此 차	難 난
故 고	生 생	生 생	無 무	益 익	三 삼	制 제
合 합	故 고	離 이	量 량	無 무	昧 매	如 여
人 인	閉 폐	貧 빈	苦 고	限 한	普 보	此 차
天 천	諸 제	苦 고	故 고	以 이	照 조	三 삼
衆 중	難 난	故 고	所 소	能 능	十 십	昧 매
生 생	門 문	出 출	謂 위	除 제	方 방	境 경
喜 희	故 고	地 지	能 능	滅 멸	如 여	界 계
樂 락	開 개	獄 옥	令 령	一 일	此 차	平 평
故 고	人 인	故 고	一 일	切 체	三 삼	等 등

莊 장	故 고	大 대	使 사	樂 락	長 장	令 영
嚴 엄	能 능	悲 비	增 증	故 고	有 유	其 기
究 구	令 령	心 심	長 장	能 능	爲 위	愛 애
竟 경	明 명	故 고	福 복	爲 위	樂 락	樂 락
智 지	了 료	能 능	智 지	引 인	故 고	禪 선
故 고	菩 보	令 령	行 행	發 발	能 능	境 경
能 능	薩 살	生 생	故 고	菩 보	爲 위	界 계
令 령	道 도	起 기	能 능	提 리	顯 현	故 고
趣 취	故 고	大 대	令 령	心 심	示 시	能 능
入 입	能 능	願 원	增 증	故 고	出 출	令 령
大 대	使 사	力 력	長 장	能 능	有 유	增 증

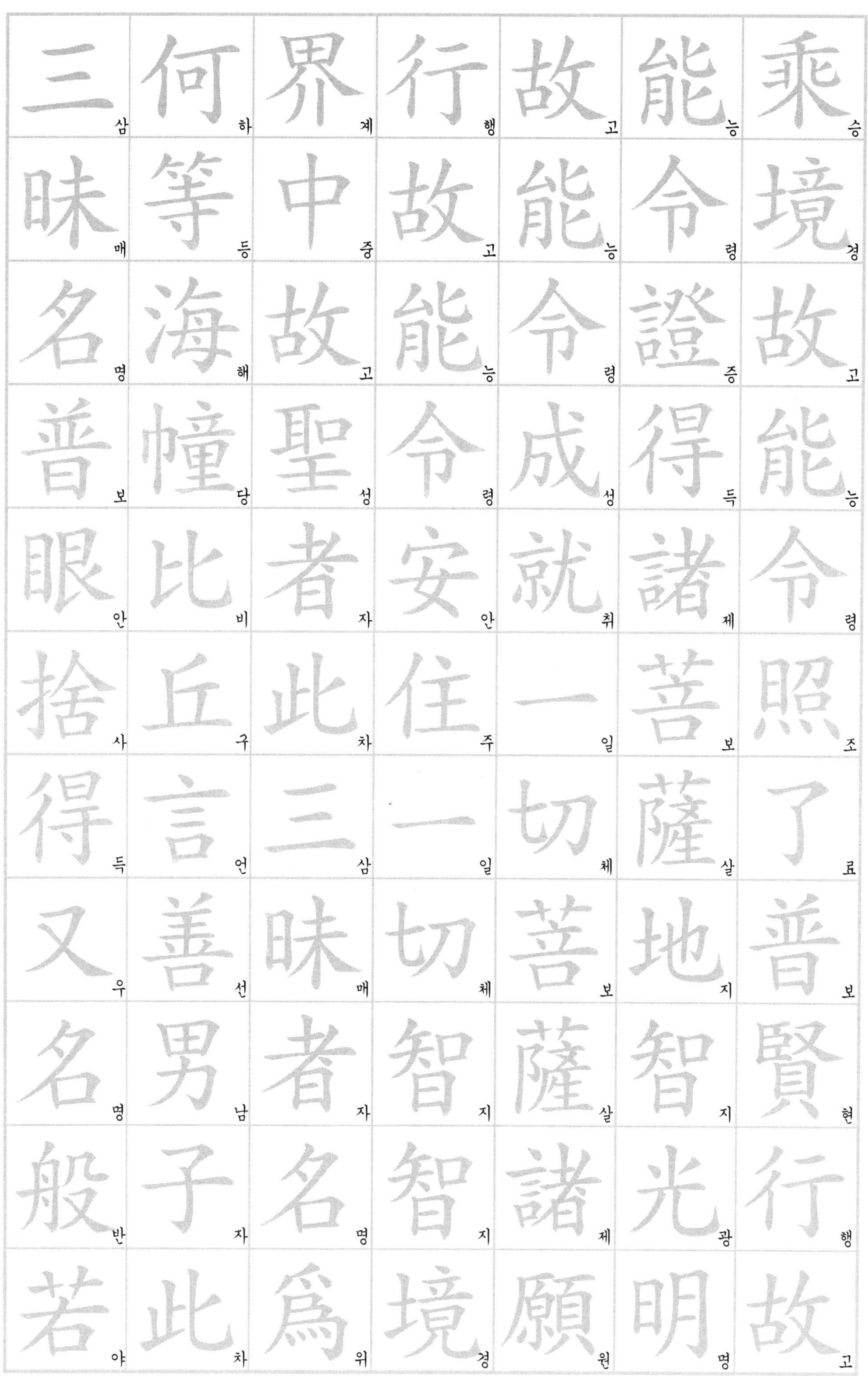

乘(승)境(경)故(고)能(능)令(령)照(조)了(료)普(보)賢(현)行(행)故(고)
能(능)令(령)證(증)得(득)諸(제)菩(보)薩(살)地(지)智(지)光(광)明(명)
故(고)能(능)令(령)成(성)就(취)一(일)切(체)菩(보)薩(살)諸(제)願(원)
行(행)故(고)能(능)令(령)安(안)住(주)一(일)切(체)智(지)智(지)境(경)
界(계)中(중)故(고)聖(성)者(자)此(차)三(삼)昧(매)者(자)名(명)爲(위)
何(하)等(등)海(해)幢(당)比(비)丘(구)言(언)善(선)男(남)子(자)此(차)
三(삼)昧(매)名(명)普(보)眼(안)捨(사)得(득)又(우)名(명)般(반)若(야)

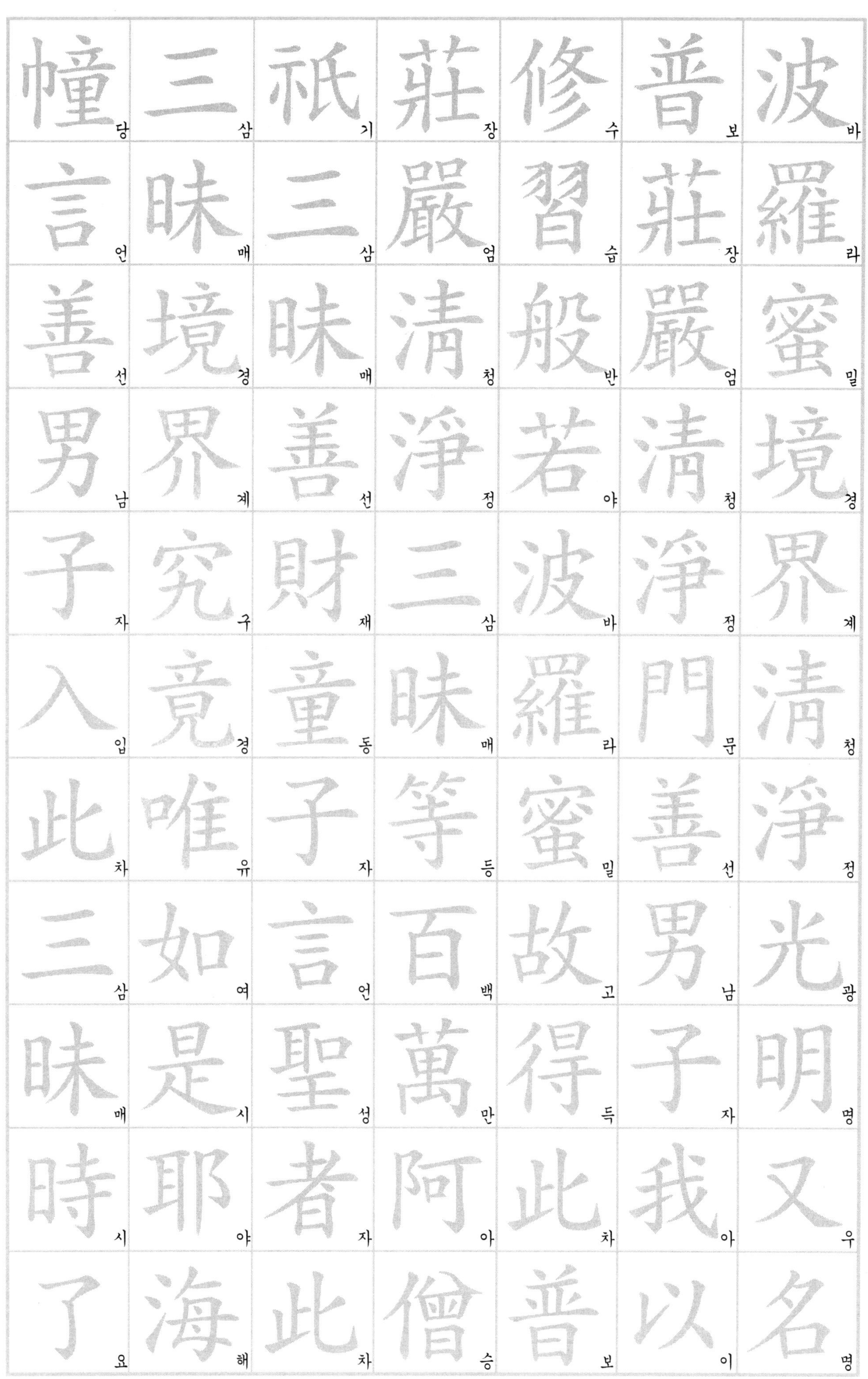

사경의 공덕은 십만억 부처님께 공양한 것과 같은 공덕이 있습니다.

礙 애	無 무	界 계	世 세	切 체	一 일	知 지
觀 관	所 소	無 무	界 계	世 세	切 체	一 일
一 일	障 장	所 소	無 무	界 계	世 세	切 체
切 체	礙 애	障 장	所 소	無 무	界 계	世 세
佛 불	見 견	礙 애	障 장	所 소	無 무	界 계
廣 광	一 일	嚴 엄	礙 애	障 장	所 소	無 무
大 대	切 체	淨 정	修 수	礙 애	障 장	所 소
威 위	佛 불	一 일	治 치	莊 장	礙 애	障 장
德 덕	無 무	切 체	一 일	嚴 엄	超 초	礙 애
無 무	所 소	世 세	切 체	一 일	過 과	往 왕
所 소	障 장	界 계	世 세	切 체	一 일	詣 예

사경의 공덕은 십만억 부처님께 공양한 것과 같은 공덕이 있습니다.

無 무	足 족	無 무	所 소	障 장	無 무	障 장
所 소	無 무	所 소	障 장	礙 애	所 소	礙 애
障 장	所 소	障 장	礙 애	大 대	障 장	入 입
礙 애	障 장	礙 애	常 상	悲 비	礙 애	一 일
知 지	礙 애	見 견	起 기	攝 섭	觀 관	切 체
一 일	入 입	十 시	大 대	受 수	十 시	佛 불
切 체	一 일	方 방	慈 자	十 시	方 방	衆 중
衆 중	切 체	佛 불	充 충	方 방	佛 불	會 회
生 생	衆 중	心 심	滿 만	衆 중	法 법	道 도
根 근	生 생	無 무	十 시	生 생	無 무	場 량
海 해	海 해	厭 염	方 방	無 무	所 소	海 해

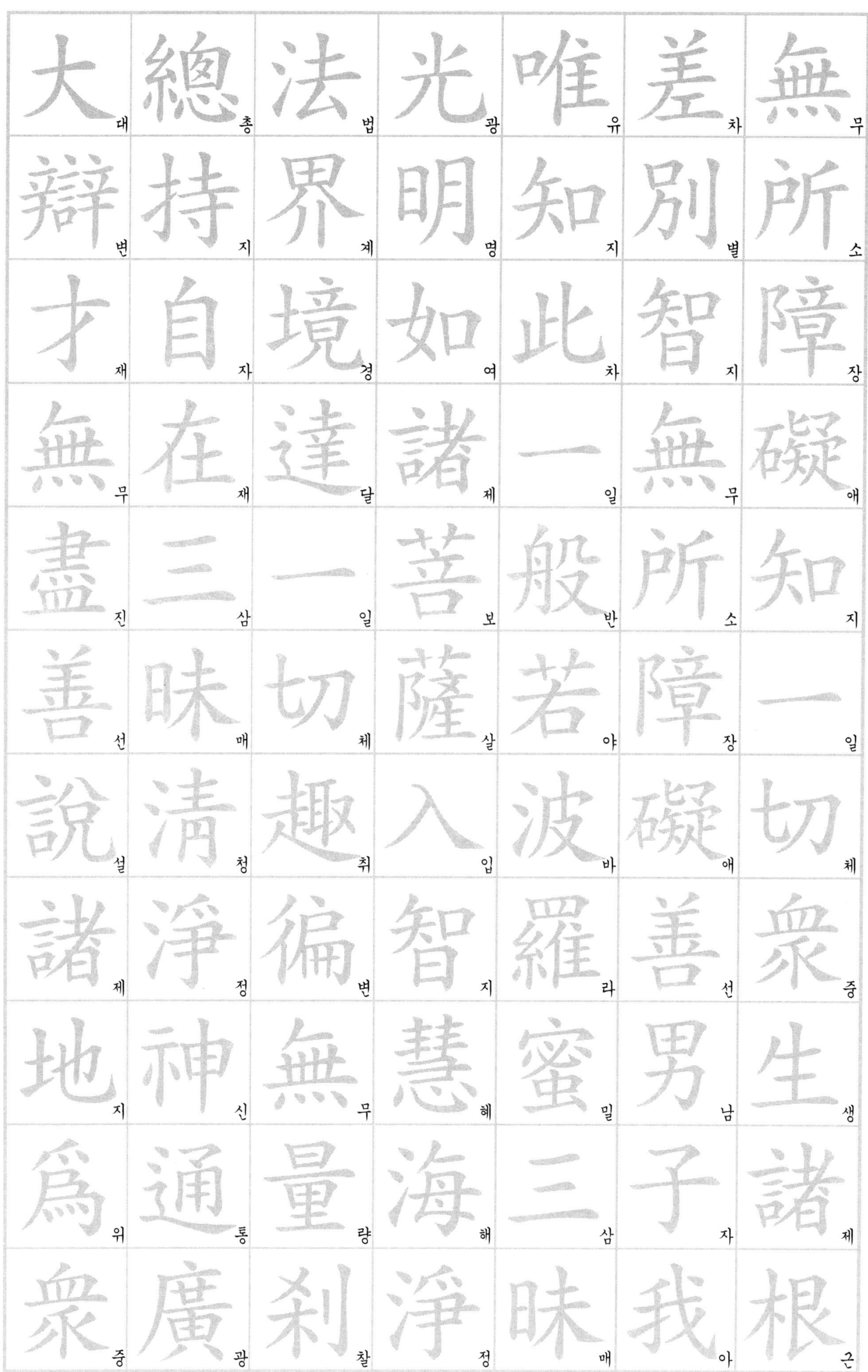

사경의 공덕은 십만억 부처님께 공양한 것과 같은 공덕이 있습니다.

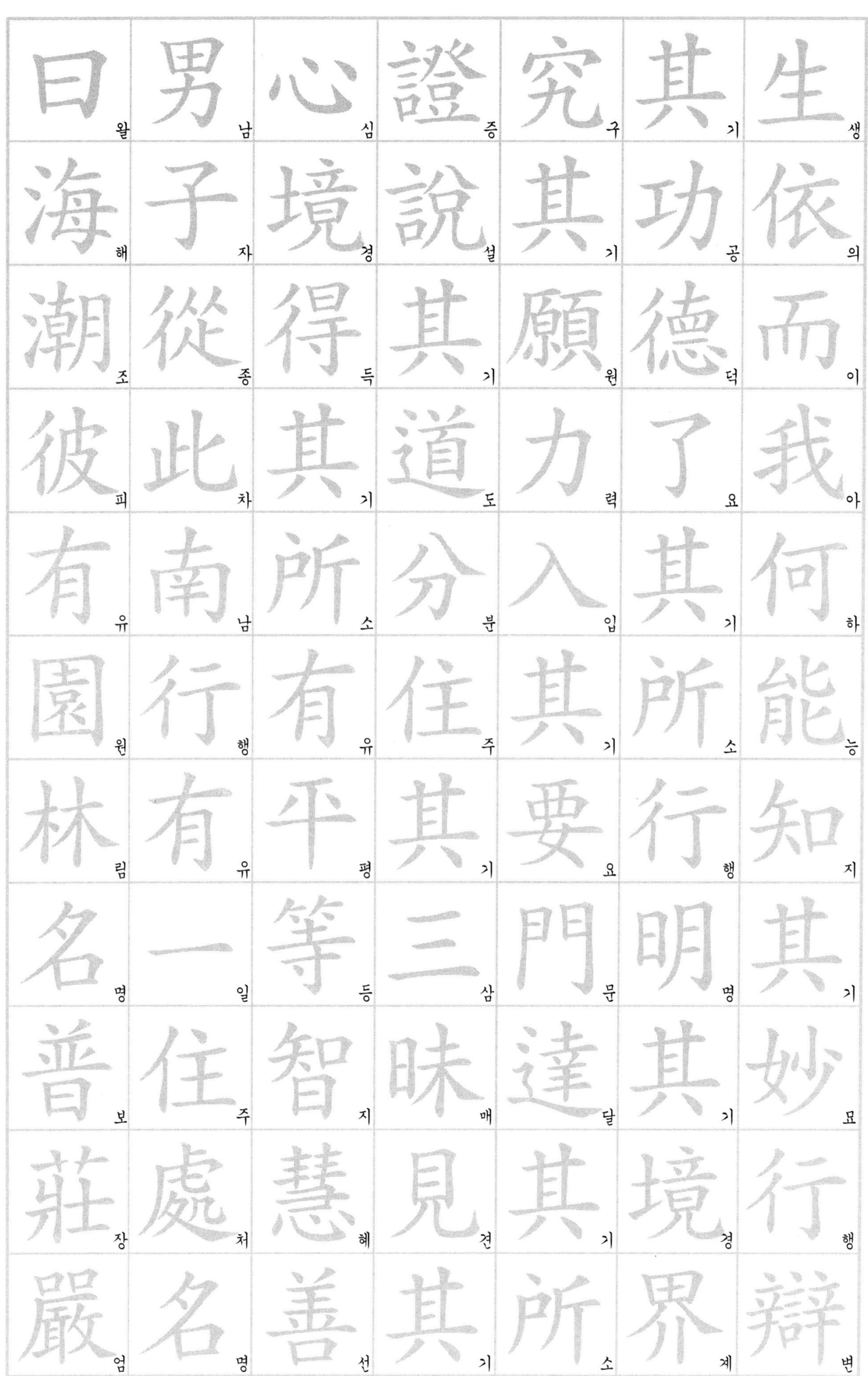
生依而我何能知其妙行辯
생의이아하능지기묘행변
其功德了其所行明其境界
기공덕요기소행명기경계
究其願力入其要門達其所
구기원력입기요문달기소
證說其道分住其三昧見其
증설기도분주기삼매견기
心境得其所有平等智慧善
심경득기소유평등지혜선
男子從此南行有一住處名
남자종차남행유일주처명
曰海潮彼有園林名普莊嚴
왈해조피유원림명보장엄

사경의 공덕은 십만억 부처님께 공양한 것과 같은 공덕이 있습니다.

於其園中有優婆夷名曰休
捨汝往彼問菩薩云何學菩
薩行修菩薩道
時善財童子於海幢比丘
所得堅固身獲妙法財入深
境界智慧明徹三昧照耀住
清淨解見甚深法其心安住

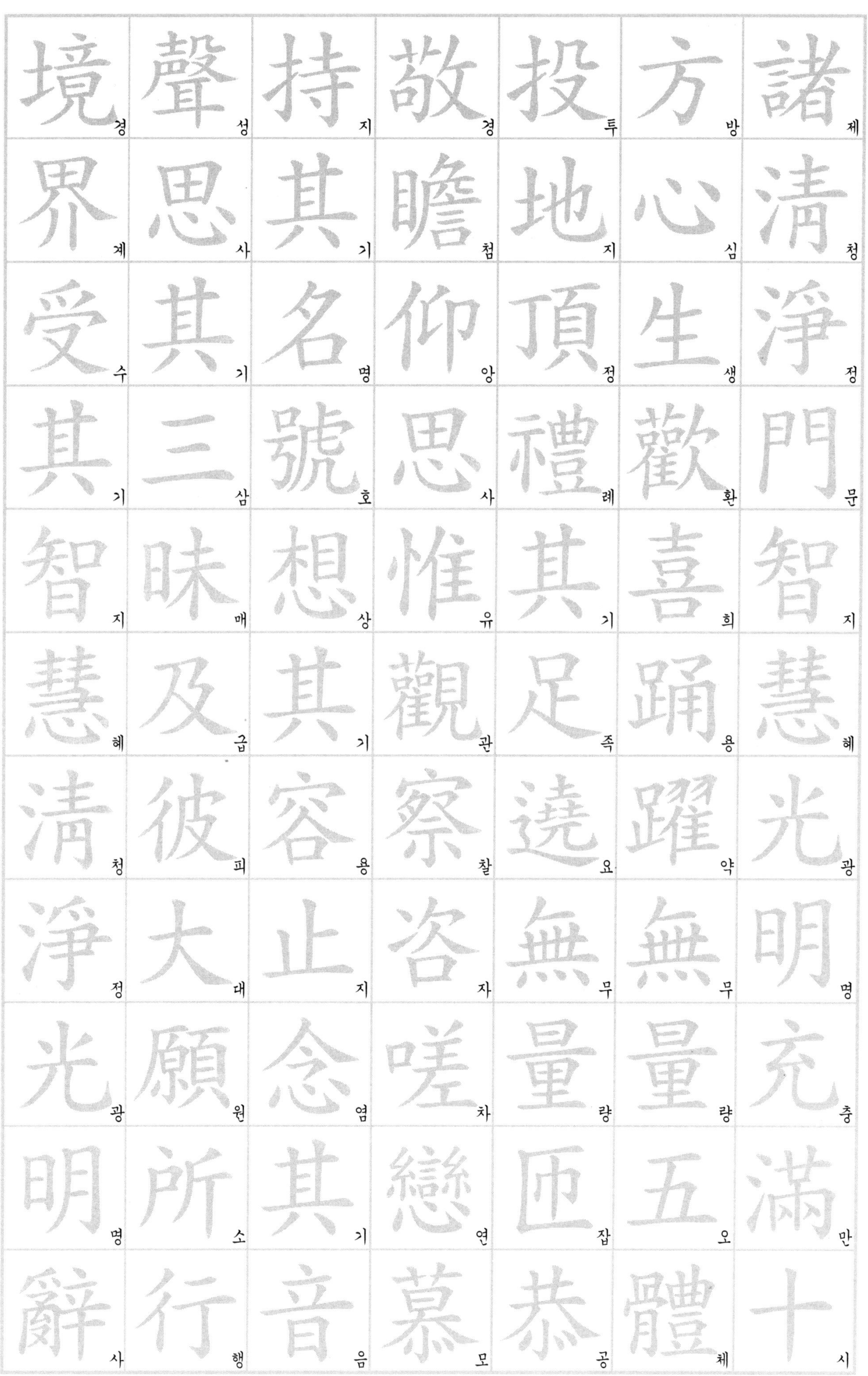

諸清淨門智慧光明充滿十
方心生歡喜踊躍無量五體
投地頂禮其足遶無量匝恭
敬瞻仰思惟觀察咨嗟戀慕
持其名號想其容止念其音
聲思其三昧及彼大願所行
境界受其智慧清淨光明辭

退 퇴
而 이
行 행

發 願 文

귀의 삼보하옵고
거룩하신 부처님께 발원하옵나이다.

주 소 : ______________________

전 화 : ______________ 불 명 : ______ 성 명 : ______

불기 25 ______ 년 ______ 월 ______ 일